KIKI
erlebt aufregende Ponyferien

MONICA ALM

 Schneider-Buch

Inhalt

Ferien mit Hindernissen	7
Hurra, unser Problem ist gelöst!	10
Ponyferien auf dem Bauernhof	16
Wir leben wie im Paradies	22
Wer glaubt schon an Gespenster?	27
Schafe spuken durch die Nacht	34
Mögen Pferde Knöpfe?	41
Ein verpatzter Morgenritt	45
Unsere Freunde, die Fußballer	49
Eine gefährliche Mutprobe	55
Wir bauen eine Springbahn	60
Alles hängt vom Wetter ab	66
Ein Springturnier mit Abschiedsfest	71
Hannibal, das Geisterpferd	78
Wir freuen uns aufs nächste Jahr	84
magazin im Schneider-Buch	92

Ferien mit Hindernissen

Die Sommerferien standen vor der Tür, und wie üblich war kein einziger Groschen in unserer Klubkasse. „Wir sind arm wie die Kirchenmäuse!" erklärte ich seufzend. Ade die Reittour mit Melissa, dachte ich und sah die Ponyferien schon davonschwimmen. Die Mitglieder des Ponyklubs, die sich zu einer Besprechung im Klubraum versammelt hatten, nickten kläglich.

Nach einer bedrückenden Pause stand schließlich Marianne auf. „Kiki hat recht, wir sind völlig pleite. Wir sind aber nicht pleite an Ideen. Deshalb schlage ich vor: Wir sieben unternehmen eine längere Reittour. Wenn wir unter Bäumen schlafen und uns von Beeren, Wurzeln und Blättern ernähren, kostet es uns keinen Pfennig."

Alle stöhnten laut.

„Du bist wohl übergeschnappt!" brummte Ingrid.

„Weißt du, welche Wurzeln eßbar sind?" fragte ich.

„Ja, vielleicht", erwiderte Marianne. „Ich glaube schon."

„Wie sehen eßbare Wurzeln aus?" erkundigte sich Karin.

„Sie sind ziemlich hell, soviel ich weiß", antwortete Marianne. „Und manchmal ähneln sie Schlangen."

„Stell dir vor, du verwechselst mal eine Schlange mit einer Wurzel!" Karin kicherte. „Was passiert dann?"

„Die Schlange kriegt vermutlich einen Wutanfall", sagte Marianne.

„Puh, hört auf damit!" rief Anita. „Ich habe furchtbare Angst vor diesen Biestern."

„Ach was, die Schlangen haben genausoviel Angst vor dir, wie du vor ihnen", entgegnete Lena.

Karin kicherte noch immer. „Lebendige Schlangen sind vielleicht wirklich nicht besonders delikat. Aber gekochte Schlangen schmecken womöglich ebenso gut wie gekochte Würstchen! Was haltet ihr von Schlangen mit Ketchup?"

„Sei still!" jammerte Anita. „Mir wird richtig schlecht von deinem Gerede."

„Da solltest du mal die Schlangen über Menschen reden hören", erklärte Karin. „Einfach unglaubliche Sachen erzählen die sich."

„Woher weißt du das?" fragte Ingrid.

„Ich habe schließlich Phantasie", erwiderte Karin würdevoll.

„Welche Blätter kann man eigentlich essen?" fragte ich Marianne.

„Vor allem Salatblätter und Spinat", antwortete sie lachend. „Und außerdem Blätter von . . ."

Elisabeth unterbrach sie: „Es ist ganz egal, welche Blätter und Wurzeln eßbar sind und welche nicht, weil wir sowieso nicht auf eine Reittour gehen können. Herr Erik will nämlich, daß seine Pferde den Sommer über hauptsächlich auf der Weide bleiben und sich ausruhen."

Herr Erik ist der Besitzer der Reitschule von Aspen, dem kleinen Ort, in dem wir wohnen. Und Elisabeth ist die Vorsitzende unseres Ponyklubs. Sie ist die älteste von uns, nämlich vierzehn. Und das merkt man. Denn sie wirkt ausgeglichen und ernsthaft und hat meistens sehr vernünftige Ansichten. Wenn sie etwas sagt, hören alle zu. Elisabeth ist ein großartiger Kamerad und außerdem die beste Reiterin von uns allen, obwohl sie kein eigenes Pferd hat.

„Aber wenn die Pferde auf der Weide bleiben sollen, können wir doch den ganzen Sommer lang nicht von hier weg!" meinte Lena.

Elisabeth schüttelte den Kopf. „Sie könnten ja auch wo anders auf der Weide stehen – hier in Aspen müssen sie nicht unbedingt bleiben. Die Hauptsache ist, daß sie sich ein bißchen von den täglichen Reitstunden erholen. Natürlich können wir auch jeden Tag eine Stunde mit ihnen reiten. Etwas Bewegung tut ihnen nur gut."

„Na, dann müssen wir jetzt nur einen schönen Ort finden, an dem es Wiesen für unsere Pferde gibt und wo wir billig unsere Ferien verbringen können", sagte ich. „Weiß jemand von euch so einen Platz?"

„Nein", erwiderten alle wie aus einem Mund.

„Wir müssen etwas unternehmen!" murmelte Elisabeth. „Abend für Abend sitzen wir hier und stellen fest, daß wir nichts tun können. Da wird man ja verrückt!"

„Und fängt an, Schlangen mit Ketchup zu essen", fügte Karin hinzu.

„Fang nicht schon wieder damit an!" rief Anita. „Deine dummen Witze machen die Sache nicht besser."

„Wären sie dir mit Ketchup lieber?" kicherte Karin.

Trotz Karins Versuchen, uns aufzuheitern, war es ein trübseliger Abend. In düsterer Stimmung saßen wir im Klubraum, während es draußen dunkel wurde. Als wir uns schließlich voneinander verabschiedeten, sagte Marianne brummig: „Wenn das so weitergeht, pfeif ich auf die ganzen Sommerferien!"

Hurra, unser Problem ist gelöst!

Als ich am nächsten Morgen von einem ausgedehnten Geländeritt zurückkehrte, stieß ich in der Tür zum Klubraum mit Anita und Marianne zusammen. Karin und Elisabeth saßen auf dem Boden und fetteten ihr Sattelzeug ein.

Lena kam als letzte – aber mit großem Getöse!

Sie polterte über die Schwelle und rief laut: „Unser Problem ist gelöst! Ich weiß, was wir in den Ferien machen!"

„Was denn? Spann uns nicht auf die Folter!" schrien wir durcheinander.

„Immer mit der Ruhe", sagte Lena, setzte sich auf einen Stuhl und machte ein geheimnisvolles Gesicht.

„Na, los jetzt!" drängte Marianne.

„Wie ihr vielleicht wißt, haben meine Großeltern einen Bauernhof", begann Lena lächelnd. „Und zu diesem Bauernhof gehört ein altes Bauernhaus, das leer steht, und da ..."

„Heißt das, daß wir in dem Bauernhaus wohnen dürfen?" unterbrachen wir sie.

„Ja, aber ..."

„Hurra!" schrien wir und begannen wild durcheinanderzureden.

"Stellt euch vor, meine Großeltern haben ein altes Bauernhaus in dem wir wohnen können!"

Es dauerte mehrere Minuten, bis Lena sich wieder Gehör verschaffen konnte.

„Wie wär's, wenn ihr warten würdet, bis ich zu Ende gesprochen habe?" brüllte sie.

„Warum hast du uns nicht schon früher von diesem Bauernhof erzählt?" fragte Karin.

„Ich dachte einfach nicht daran. Erst gestern, als meine Mutter erzählte, daß Großmutter angerufen hätte, und . . ."

„Wie lange dürfen wir das Haus benützen?" fragte Ingrid eifrig.

„Laßt Lena jetzt erst mal ausreden", mischte sich Elisabeth ein.

„Danke", sagte Lena. „Also, wir können drei Wochen in dem Haus wohnen, wenn wir wollen. Aber dafür müßten wir meinen Großeltern ab und zu auf ihrem Hof helfen. Den Zaun anstreichen, Unkraut jäten und solche Sachen. Der Bauernhof ist wirklich hübsch mit einem kleinen Stall, einem Holzschuppen und großen Wiesen, auf denen die Pferde grasen können. Einen Brunnen mit Trinkwasser gibt's dort auch, und in der Nähe ist sogar ein See, in dem wir baden können."

„Prima!" riefen wir begeistert. „Wann dürfen wir kommen?"

„Wenn die Ferien anfangen, können wir sofort hinfahren", erwiderte Lena. „Aber erst müssen wir noch ein paar Punkte klären, und ich fürchte, das wird gar nicht so einfach sein."

„Was denn?"

„Zuerst einmal die Transportfrage. Der Bauernhof ist einhundertfünfzig Kilometer von hier entfernt."

„Können wir nicht hinreiten?" fragte Karin.

„Du bist wohl nicht ganz richtig im Kopf!" sagte Elisabeth. „Für so eine weite Strecke braucht man mehrere Tage. Und was glaubst du, wo wir unterwegs übernachten sollen?"

Karin zuckte gelassen mit den Schultern und gab keine Antwort.

„Wir müssen die Pferde also hinfahren lassen", sagte ich. „Und Pferdetransporte kosten Geld."

„Damit sieht's bei uns schlecht aus", fügte Anita düster hinzu.

„Der Transport ist also das erste Problem", bestätigte Lena. „Zweitens wissen wir nicht, ob Herr Erik uns Figaro, Filur und Primus leiht. Und drittens brauchen wir ja die Erlaubnis unserer Eltern, damit wir in dem Bauernhaus wohnen und auch unsere Pferde mitnehmen dürfen."

Das löste eine lebhafte Unterhaltung aus, die über eine Stunde dauerte. Schließlich einigten wir uns darauf, der Reihe nach eine Schwierigkeit nach der anderen anzupacken.

Wir begannen mit den Pferden. Elisabeth wurde einstimmig dazu ausersehen, zu Herrn Erik zu gehen und ihn um seine Einwilligung für die drei Pferde zu bitten. Vier von uns besaßen eigene.

„Haltet die Daumen!" sagte Elisabeth und rannte los.

Wir hielten die Daumen so fest, daß sie schmerzten. Keine von uns sprach ein Wort. Stumm saßen wir da, warteten und hofften.

Fünf Minuten vergingen, zehn, eine Viertelstunde...

Und dann kam Elisabeth in den Klubraum gestürmt, strahlte über das ganze Gesicht und keuchte: „Wir kriegen die Pferde! Und außerdem fährt Herr Erik sie mit dem Transportwagen der Reitschule zum Bauernhof, wenn wir das Benzin selbst bezahlen! Aber wir müssen dafür im Stall Großreinemachen und versprechen, daß wir bestens für die Pferde sorgen werden und sie nicht überanstrengen."

Da brach der Jubel los!

Wir redeten wild durcheinander, und im Klubraum war ein solcher Lärm, daß mir ganz wirr im Kopf wurde. Elisabeth schien es ähnlich zu gehen, denn sie schlug plötzlich mit der Faust auf den Tisch und rief: „Als Vorsitzende des Ponyklubs bestimme ich, daß wir jetzt eine ordentliche Versammlung abhalten und alles in Ruhe überlegen. Wenn wir so durcheinanderschreien, kommen wir nicht weiter. Kiki, du bist Schriftführerin und notierst die Beschlüsse, die wir fassen. Hast du Papier und Kugelschreiber?"

Ich nickte nur, holte meinen Block und zückte einen Stift.

Als unsere Versammlung gegen zehn Uhr beendet war, hatte ich ein Protokoll fertiggestellt, das folgendermaßen aussah:

1. Der Ponyklub darf während der Sommerferien drei Wochen lang auf dem Bauernhof wohnen, der Lenas Großeltern gehört. Wir können uns mit unseren Pferden umsonst dort aufhalten und werden als Gegenleistung bei verschiedenen Arbeiten helfen.
2. Herr Erik hat versprochen, uns Figaro, Filur und Primus zu leihen, wenn wir den Stall der Reitschule noch vor den Ferien gründlich säubern.
3. Der Transportwagen der Reitschule wird zweimal zum Bauernhof fahren, um alle Pferde dorthin zu befördern. Herr Erik hat sich einverstanden erklärt, den Wagen zu fahren; die Benzinkosten bezahlen wir selbst.
4. Das Benzin wird ungefähr hundert Mark kosten. Karin, der Kassenwart unseres Ponyklubs, wird von jetzt an über jeden Pfennig genau Buch führen, der eingeht.
5. Um das Geld für die Benzinkosten zu verdienen, werden wir alle möglichst viele Extraarbeiten übernehmen, z. B. Babysitten, zu Hause den Abwasch erledigen, Rasen mähen, unseren Müttern im Haushalt bei solchen Arbeiten helfen, die wir sonst nicht tun, Schränke und Kommoden aufräumen, Teppiche klopfen — eben alles, wobei unsere Eltern Hilfe brauchen (und wofür sie uns etwas bezahlen).
6. Alle Mitglieder des Ponyklubs müssen von ihren Eltern die Erlaubnis erhalten, zum Bauernhof zu fahren. Falls eine von uns nicht mitkommen darf, verzichten wir alle auf die Reise.

Ich las das Protokoll laut vor, und alle nickten zustimmend.

„Dann also los", sagte Elisabeth. „Als nächstes müssen wir unsere Eltern um Erlaubnis fragen, und dann sehen wir uns nach Arbeit um."

Wir verabschiedeten uns in Hochstimmung, doch im tiefsten Innern fühlte ich mich ein wenig unsicher.

„Das kommt mir alles zu schön vor, um wahr zu sein", sagte ich zu Karin, als wir langsam an der Stallmauer entlanggingen. „Paß nur auf, aus unserer Reise wird nichts. Bestimmt taucht in letzter Minute irgendein verflixtes Hindernis auf."

„Pah, du bist eine richtige alte Unke!" erwiderte sie lachend. „Wir schaffen's schon. Das ist doch alles genauso, wie wir's uns erträumt haben – ein Platz, wo wir wohnen und reiten können, ganz für uns allein, und noch dazu kostenlos! Keine Angst, Kiki, es kommt bestimmt nichts dazwischen. Ich wüßte nicht, warum unsere Eltern uns den Aufenthalt auf dem Bauernhof verbieten sollten. Und das Geld für die Benzinkosten bekommen wir schon zusammen!"

„Ich weiß nicht, warum", sagte ich, „aber ich habe so ein Gefühl, als würde irgend etwas Unangenehmes passieren."

„Sei doch nicht dumm!" mahnte Karin. „Du machst dir nur unnötige Sorgen."

„Hoffentlich hast du recht", murmelte ich.

„Klar habe ich recht" lachte sie. „Geh jetzt nach Hause, leg dich ins Bett und träume schon vom Ponyklub auf dem Bauernhof!"

Ponyferien auf dem Bauernhof

Natürlich wurde in den folgenden Tagen viel telefoniert und beraten zwischen unseren Eltern. Doch dann bekamen wir alle die Erlaubnis, zum Bauernhof zu fahren!

In den kommenden Wochen schufteten wir mehr als je zuvor. Sobald wir eine freie Stunde hatten, stürzten wir uns in die Arbeit. Wir mähten die Rasenflächen fremder Leute, spielten Kindermädchen, machten Besorgungen, putzten Schuhe und Fenster, fegten den Reitstall, radelten durch Aspen und verteilten Reklamezettel des Warenhauses, putzten Fußböden und Treppen, saugten Teppiche und führten Hunde spazieren. Wir schwitzten, plagten uns, schleppten, keuchten, schrubbten und stöhnten vor Arbeit.

Ehrlich, wir waren manchmal so müde, daß wir am liebsten auf alles verzichtet und uns nur hingelegt und geschlafen hätten ... Doch wir hielten durch – und wurden dafür belohnt. Denn als Karin am ersten Ferientag das gemeinsam verdiente Geld zählte, stellte es sich heraus, daß wir fast zweihundert Mark zusammengebracht hatten.

Beinahe doppelt soviel als wir brauchten!

Das Geld, das übrigblieb, wenn wir Herrn Erik das Benzin bezahlt hatten, wollten wir während unseres Aufenthalts auf dem Bauernhof für Eis, Süßigkeiten und Limonade ausgeben. Wir fanden, daß wir uns diesen Luxus redlich verdient hatten.

Wir erhielten alle recht normale Zeugnisse – keine glänzenden Noten, aber auch keine besonders schlechten. Und da keine von uns sehr ehrgeizig war, waren wir alle recht zufrieden.

Zu Hause wurden wir mit Ermahnungen überhäuft, und unsere Eltern schärften uns ein, was wir auf dem Bauernhof alles tun und lassen sollten. Natürlich mußten wir hoch und heilig versprechen, ordentlich zu essen und die Landbewohner nicht zu Tode zu erschrecken, indem wir nachts durch die Gegend ritten. Kostgeld bekamen wir von unseren Eltern, denn wenn wir daheimgeblieben wären, hätten sie uns ja auch ernähren müssen. Außerdem steckten sie uns noch Konservendosen, Flaschen mit Saft, Waffeln und Gebäck zu.

Wir verbrachten viele Stunden damit, unsere Pferde auf Hochglanz zu bringen und unsere Ausrüstungen zu überprüfen. Dann packten wir Schlafsäcke, Decken, Töpfe, Teller, Zahnbürsten, Handtücher, Badeanzüge, Jeans, Batterien für unser Transistorradio und eine Menge andere Sachen ein.

Herr Erik beschloß, zuerst Melissa, Star Dust, Munter und Charlie und dazu noch alle unsere Kisten mit den Reitsachen zum Bauernhof zu bringen. Auf der zweiten Fahrt wollte er Figaro, Filur und Primus befördern.

Endlich war der große Tag gekommen!

Wir Ponyklub-Mädchen fuhren mit meinem und Lenas Vater im Personenwagen los, und Herr Erik sollte mit den Pferden folgen. Als wir unser Ziel erreichten, standen Lenas Großeltern schon auf der Vortreppe des alten Bauernhofes und hießen uns willkommen.

„Hoffentlich gefällt es euch hier", erklärten sie herzlich. „Im Haus gibt es zwar keine Elektrizität, aber der Herd ist noch ganz in Ordnung. Ihr könnt also euer Essen selbst kochen, wenn ihr wollt. Wenn nicht, dürft ihr jeden Tag zu uns kommen."

„Vielen Dank", sagten wir, „aber wir möchten gern versuchen, uns selbst zu versorgen."

Lenas Großmutter lächelte. „Aber heute abend eßt ihr doch ausnahmsweise bei uns? Ich habe gleich für euch alle vorgekocht. Es dauert bestimmt einige Zeit, bis ihr euch richtig umgesehen habt, und um eure Pferde müßt ihr euch ja auch noch kümmern."

Wir bedankten uns und machten einen Rundgang. Es war herrlich hier – schöner, als wir zu hoffen gewagt hatten. Alle strahlten vor Begeisterung. Der Bauernhof lag in einer kleinen Talmulde zwischen zwei niedrigen Bergen. Das Gras leuchtete herrlich grün, und in den Bäumen zwitscherten die Vögel. Wir konnten unser Glück kaum fassen.

„Das ist ja wie im Paradies!" sagte Karin selig.

Wir jubelten vor Begeisterung, als wir das alte Bauernhaus sahen

„Schaut euch nur die schönen Blumen an, die hier wachsen!" rief Marianne.

„Stellt euch vor, wir können jetzt immer das kochen, was uns schmeckt. Und dürfen essen, wann es uns paßt. Drei Wochen lang brauchen wir uns nicht an bestimmte Zeiten zu halten!" sagte Ingrid.

Anita nickte glücklich. „Seht doch nur – sind das nicht wunderbare Wiesen? Ich finde, wir sollten jeden Tag mindestens eine halbe Stunde Dressur reiten."

„Könnten wir nicht eine Springbahn bauen?" schlug ich vor.

„Eine Geländebahn wäre auch nicht schlecht", sagte Elisabeth.

Wir trugen unsere Schlafsäcke, Decken und Luftmatratzen ins Haus und beschlossen, den größeren der beiden Räume als Schlafzimmer zu benutzen. Im Nebenraum wollten wir unsere Sachen unterbringen. Das Haus hatte noch einen Kartoffelkeller, in dem wir Lebensmittel aufbewahren konnten. Unsere Reitausrüstung sollte im Holzschuppen und in dem kleinen Stall hinter dem Haus untergebracht werden.

„So müßte man immer leben können!" sagte Elisabeth.

„Das reinste Traumhaus", bestätigte ich.

Lena nickte zufrieden, und ihre Großeltern strahlten.

„Hoffentlich fühlt ihr euch wohl", sagten sie.

„Einen besseren Platz hätten wir niemals finden können!" versicherten wir. „Alles ist genauso, wie wir es uns gewünscht haben."

„Na, hoffen wir, daß es euren Pferden auch gefällt."

„Ganz bestimmt!" erwiderten wir im Chor.

„Ihr könnt sie auf die Wiese bringen", sagte Lenas Großvater. „Da haben sie saftiges Gras. Ich habe schon ein paar alte Regentonnen hingeschafft, in die ihr Wasser für eure

Pferde füllen könnt. Wahrscheinlich ist's am besten, wenn ihr noch einen Blick auf den Weidezaun werft und nachseht, ob auch nirgends eine Latte locker ist."

Da wir wußten, daß es noch etwa eine Stunde dauern würde, bis Herr Erik mit den ersten Pferden kam, füllten wir die Tonnen mit Wasser aus dem Brunnen. Dann prüften wir die Zaunlatten und sahen uns auch die Wiese genau an — denn schließlich wollten wir vermeiden, daß sich eines unserer Pferde einen rostigen Nagel eintrat oder an einer alten Konservenbüchse verletzte. Die Leute werfen so viele ekelhafte Sachen weg, daß man ganz wild werden könnte vor Wut. Doch hier war alles in Ordnung und auch am Zaun mußte nichts repariert werden. Also gingen wir zum Bauernhof zurück, um auf Herrn Erik zu warten.

„Der Pfad, der hinter dem Holzschuppen beginnt, führt direkt zu unserem Hof", sagte Lenas Großvater. „Es sind etwa fünfzehn Minuten Fußmarsch — aber zu Pferd geht's natürlich bedeutend schneller."

Seine Frau erklärte uns den Weg ins Dorf, und dann zeigte sie uns, wie man ein Feuer im Herd anmachte. Es kam uns ganz einfach vor.

„Aber in so einem Haus kann's verflixt warm werden, wenn man an einem sonnigen Tag viel Essen kocht", sagte sie.

„Wir wechseln uns eben beim Küchendienst ab", schlug Elisabeth vor.

Lenas Großvater warf ein: „Im Schuppen liegt eine Menge Feuerholz. Ihr braucht also nicht selbst Holz zu hacken."

„Fein, vielen Dank!" sagten wir.

Inzwischen war es elf Uhr geworden. Wir setzten uns auf die Vortreppe und beobachteten die Zufahrt. Zwar wußten wir, daß Herr Erik mit den Pferden nur langsam fahren konnte, doch die Minuten verstrichen, und wir begannen unruhig zu werden.

„Es wird doch keinen Unfall gehabt haben?". murmelte Ingrid ängstlich.

„Vielleicht ist er gegen einen Baum gefahren?" meinte Karin.

„Sagt doch so was nicht!" stöhnte ich.

Im gleichen Augenblick hörten wir Motorengeräusch, und schon tauchte das Transportauto von Aspens Reitschule hinter einer Wegbiegung auf. Wir liefen ihm entgegen und hätten vor Freude am liebsten laut gejubelt.

Als Herr Erik aus dem Wagen stieg, konnten wir die Pferde im Anhänger unruhig stampfen hören. Wir luden zuerst unsere Kisten mit den Reitsachen aus und kümmerten uns dann um die Ponys. Karins Munter stand ganz vorn und sprang sofort mit einem gewaltigen Satz aus dem Wagen. Dabei riß er Karin beinahe die Zügel aus der Hand. Plötzlich blieb er jedoch stocksteif stehen und beobachtete das Transportauto mit starrem Blick.

Anschließend kam Charlie, der ruhig und würdevoll über die Laderampe stolzierte. Dann war Melissa an der Reihe. Sie ließ sich gutmütig und unbekümmert aus dem Auto führen, und ich streichelte sie, weil sie sich so gut benahm. Star Dust war etwas aufgeregt, doch Ingrid konnte ihn schnell beruhigen.

„Na, dann fahre ich gleich zurück und hole Figaro, Filur und Primus", sagte Herr Erik, nachdem er einen Schluck Wasser getrunken hatte. „In ein paar Stunden bin ich wieder hier. Tschüs, bis dann."

„Tschüs, und danke!" riefen wir.

„Und wir fahren jetzt ebenfalls nach Hause", sagte mein Papa. Lenas Vater nickte zustimmend. „Paßt gut auf euch auf und macht keine Dummheiten."

„Wir werden die reinsten Engel sein!" versprachen wir kichernd.

„Hoffentlich. In drei Wochen holen wir euch wieder ab."

Dann fuhren sie los, und wir winkten ihnen fröhlich nach.

Wir leben wie im Paradies

„Tja, wir machen uns jetzt auch auf den Heimweg", sagte Lenas Großmutter. „Wenn ihr etwas braucht oder eine Frage habt, sagt es ruhig."

„Und wenn Abendessenszeit ist, komme ich und hole euch ab", fügte ihr Mann hinzu.

Dann verließen sie uns ebenfalls, und wir blieben allein zurück. Wir lachten vor Glück, schlugen Purzelbäume, umarmten einander und wußten in unserem Übermut nicht, was wir anfangen sollten. Karin hatte ganz recht gehabt: Es war wie im Paradies.

Wir führten unsere Pferde auf die Weide und stellten fest, daß sie sich ganz ähnlich benahmen wie wir: Sie rannten und sprangen durch das hohe, saftige Gras, wieherten laut und freuten sich ihrer Freiheit. Wir hätten ihnen stundenlang zusehen können, doch leider lag noch ein schweres Stück Arbeit vor uns: Die Kisten mit den Reitsachen mußten in den kleinen Stall befördert werden.

Alle sieben Kisten waren schwer wie Blei. Tragen konnten wir sie nicht – also wurde ihr Inhalt erst einmal ausgeräumt. Es sind wirklich unglaublich viele Sachen, die ein Reiter so braucht – Reitkappe, Sanitätskasten, Gerte, Mähnenkamm, Schwamm und Wasserbürste, Lappen, Hufreiniger, Kardätsche, Hufschmiere, Lederfett, Sattelseife,

Halfter, Trense, Hufeisen, Satteldecke, allerlei Sorten von Bürsten und vieles andere.

Es dauerte fast drei Stunden, bis wir die Kisten und ihren Inhalt in den Stall verfrachtet und dort alles ordentlich verstaut hatten. Bald darauf kam Herr Erik mit dem zweiten Pferdetransport. Figaro, Filur und Primus stiegen ruhig und gesittet aus dem Anhänger und wurden von Elisabeth, Anita und Marianne auf die Weide geführt. Herr Erik bat uns noch einmal, gut für die Pferde zu sorgen, und das versprachen wir feierlich.

„Na, dann also tschüs", sagte er. „In drei Wochen komme ich und hole die Pferde wieder ab. Hoffentlich habt ihr schönes Wetter und amüsiert euch gut."

„Tschüs, und vielen Dank!" riefen wir ihm nach.

Und so fuhr Herr Erik wieder davon. Wir standen am Koppelzaun und sahen unseren sieben Pferden zu, die vor lauter Freude komische Bocksprünge vollführten.

„Ich glaube, ich träume das alles nur", sagte Karin. „Kneif mich mal, Kiki, damit ich weiß, daß es kein Traum ist."

Ich kniff sie, und sie kreischte laut auf.

„Du träumst nicht", sagte ich. „Du bist wach."

„Du hast mich so gezwickt, daß ich bestimmt einen blauen Fleck kriege!" behauptete sie.

„Ein blauer Fleck ist doch wohl eine gute Erinnerung an einen glücklichen Tag", erwiderte ich.

„Wenn du das meinst, werde ich dir ein andermal auch zu so einer Erinnerung verhelfen!" lachte sie.

„Deine Großeltern sind einfach prima", sagte Elisabeth gerade zu Lena, die zufrieden lächelte.

„Und was tun wir jetzt?" fragte Anita. „Wollen wir reiten?"

Ingrid schüttelte den Kopf. „Nein, die Pferde müssen sich nach dem Transport erst ein bißchen entspannen. Ich finde, wir sollten jetzt zum Haus gehen und unsere Luftmatratzen aufblasen und ..."

„Willst du schon schlafen?" unterbrach ich sie.

„Blödsinn! Aber es schadet doch nichts, wenn wir etwas Ordnung schaffen und ausprobieren, ob wir wirklich alle sieben genügend Platz im Zimmer haben."

Das klang eigentlich recht vernünftig, wir schlenderten also zum Haus hinunter und begannen dort unser Nachtlager aufzuschlagen.

Erst gab es ein ziemliches Geschubse und Gedränge, aber dann schafften wir es doch, alle Luftmatratzen und Schlafsäcke unterzubringen, ohne zu dicht nebeneinander liegen zu müssen.

Wir waren gerade fertig, als Lenas Großvater an die Haustür klopfte und rief: „Das Abendessen ist gleich fertig! Aber vielleicht habt ihr gar keinen Hunger?"

„Doch, großen!" schrien wir einstimmig.

Tatsächlich vertilgten wir solche riesigen Mengen an Fleischklößchen, Kartoffeln und Preiselbeerkompott, daß uns später ganz schlecht wurde. Anita stöhnte, sie käme sich wie der Wolf im Märchen vor, dem man den Bauch mit Kieselsteinen gefüllt hätte. Bevor wir in unser Häuschen gingen, legten wir uns einen Augenblick ins Gras. Als wir uns wieder etwas munterer fühlten, nahmen wir die Sättel und gingen zur Weide. Ein bißchen Bewegung konnte weder uns noch den Pferden schaden.

Als wir uns dem Koppelzaun näherten, kamen uns die Ponys schon entgegen. Wir sattelten und streichelten sie, schwangen uns in den Sattel und ritten ein paar Runden im Schritt, um die Muskeln unserer Pferde zu lockern.

Es ist ein wunderbares Gefühl von Glück und Freiheit, auf dem Rücken eines Pferdes zu sitzen. Man fühlt sich stark und voller Energie, wenn man so über den Boden gleitet und merkt, daß man seine eigenen Bewegungen und die des Tieres beherrscht.

Bald wechselten wir zum Galopp über. Melissa bewegte sich geschmeidig und mit wunderbarem Gleichgewicht. Sie genoß es, so schnell zu laufen und ihre Kräfte zu zeigen. Ihre Hufe schlugen rhythmisch gegen den Boden, und der Wind blies mir das Haar aus dem Gesicht. Ich war so voller Begeisterung, daß ich laut sang.

Meine Freundinnen galoppierten auf ihren Ponys ebenso ausgelassen über die Wiese wie ich. Wir riefen und winkten uns zu; nur langsam verringerten wir das Tempo und ritten zum Abschluß noch ein paar Runden im Trab.

Nach zwanzig Minuten sattelten wir ab und ließen die Pferde wieder auf der Koppel frei.

Später saßen wir im Häuschen noch im Kreis beisammen und unterhielten uns, bis die Dunkelheit hereinbrach. Wir waren ziemlich müde, doch keine von uns hatte Lust, schon zu schlafen. So gingen wir noch einmal zur Weide und sahen nach unseren Pferden. Melissa, Star Dust und Primus schienen von der Fahrt und dem schnellen Ritt erschöpft zu sein, denn sie hatten sich ins Gras gelegt. Filur und Figaro

Vor Freude galoppierten wir ausgelassen über die Wiese

schliefen im Stehen. Munter und Charlie beugten sich gerade über eine der Tonnen und tranken Wasser. Es war ein unglaublich friedliches Bild.

Langsam kehrten wir zum Bauernhof zurück, krochen in unsere Schlafsäcke und redeten noch lange miteinander. Erst gegen Mitternacht schliefen wir endlich ein.

Am nächsten Tag gingen wir ins Dorf und kauften Lebensmittel ein – Wurst, Kartoffelchips, Spaghetti, Brot, Marmelade, Kekse, Käse, Rohrnudeln, Saft und Obst. Eier und Milch bekamen wir von Lenas Großmutter.

Als wir zum erstenmal im Herd Feuer machten, qualmte es wie bei einem Großbrand. Der Rauch zog in dichten Schwaden durch das Haus; es war ziemlich beängstigend. Wir überlegten eine Weile, ob wir einen Eimer Wasser über den Herd schütten und unser Essen kalt verspeisen sollten. Doch plötzlich begann das Holz wie durch ein Wunder zu brennen, und der Rauch verschwand.

Am Nachmittag jäteten wir für Lenas Großeltern Unkraut. Obwohl es nicht besonders anstrengend war, tat uns allen der Rücken weh, da keine von uns daran gewöhnt war, stundenlang auf dem Boden zu knien.

Wir verzichteten auf einen Ausritt und striegelten statt dessen unsere Pferde. Melissa war an diesem Tag besonders auf Liebkosungen versessen. Immer wieder versetzte sie mir mahnende Püffe und legte ihren Kopf auf meine Schulter, und ich streichelte sie zwischen den Ohren – das hat sie nämlich besonders gern.

Am nächsten Tag bekamen wir von Lenas Großvater Hafer, den wir gerecht verteilten und an unsere Ponys verfütterten. Dann ritten wir eine Weile Dressur und ließen die Pferde anschließend ausruhen. Wir selbst arbeiteten einige Stunden auf dem Nachbarhof und säuberten die Scheune. Den Rest des Tages lagen wir im Gras und ließen es uns gutgehen. Wir aßen Würstchen und Kartoffelchips, Erdnüsse und Rohrnudeln. Ein besonders gesundes Essen war das wohl nicht, aber manchmal ist es einfach herrlich, lauter „unvernünftige" Sachen zu verspeisen.

Und außerdem sah es ja keiner.

Wer glaubt schon an Gespenster?

Wir schliefen ruhig und friedlich, bis ich plötzlich mit einem Ruck erwachte.

Im Zimmer war es stockdunkel. Nichts rührte sich. Wovon war ich aufgewacht – von einem Alptraum? Nein, ich hatte etwas gehört – einen seltsamen, grollenden Laut.

Ich setzte mich langsam auf. Als sich meine Augen an die Finsternis gewöhnt hatten, merkte ich, daß meine Freundinnen alle schliefen. Wer weiß, vielleicht hatte ich ganz einfach nur so laut geschnarcht, daß ich davon aufgewacht war? Ich kicherte bei diesem Gedanken und wollte mich gerade wieder zurücklegen, als ich ein neues, unheimliches Geräusch vernahm!

Es zischte drohend, und in der nächsten Sekunde war der ganze Raum von einem furchtbar grellen Licht erleuchtet. Der unerwartete, geisterhafte Schein erschreckte mich so, daß ich einen Schrei ausstieß und mich auf den Boden warf.

In diesem Augenblick krachte es so laut, daß das ganze Häuschen erzitterte!

Endlich begriff ich, daß ein Gewitter losgebrochen war, und da die Blitze und Donnerschläge so dicht aufeinanderfolgten, befand sich das Unwetter offenbar direkt über uns.

Die anderen waren inzwischen ebenfalls aufgewacht. Wir saßen wie erstarrt da und sahen uns ängstlich an. Wieder erhellte ein Blitz den Raum, und gleichzeitig krachte es so ungeheuerlich, daß ich glaubte, mein Trommelfell müßte platzen.

„Was sollen wir bloß tun?" sagte Ingrid mit weinerlicher Stimme, als der Donner im abrollen war.

„Ich habe Angst!" schluchzte Marianne.

Wie immer war Elisabeth die einzig Vernünftige. „Ich finde es auch nicht gerade gemütlich", sagte sie, „aber gegen Gewitter läßt sich nichts machen. Es nützt nichts, wenn man hysterisch wird."

Doch im gleichen Moment stieß sie selbst einen Schreckensschrei aus, als ein Blitz dicht neben dem Haus einschlug. Der Donnerknall, der folgte, war so gewaltig, daß ich fürchtete, das Dach müsse über uns einstürzen. Es krachte und dröhnte, die Wände zitterten, und es war, als versuchte ein Ungeheuer, das Häuschen in seiner riesigen Faust zu zerquetschen.

Wir krochen dicht zusammen und hielten uns an den Händen.

„Wenn ein Blitz ins Haus einschlägt!" stöhnte Karin.

„Dann fängt's vielleicht zu brennen an", sagte Ingrid mit dumpfer Stimme.

„Was passiert, wenn man vom Blitz getroffen wird?" fragte Marianne.

„Seid jetzt still!" rief Elisabeth. „Ihr macht euch nur gegenseitig noch mehr Angst."

„Ich glaube, das Gewitter ist jetzt vorüber!" sagte ich endlich mit zitternder Stimme.

Es war, als hätte der Wettergott mich gehört und wollte mir sofort beweisen, daß ich unrecht hatte, denn der nächste Blitz folgte, ehe ich noch richtig zu Ende gesprochen hatte. Die Fensterscheiben zitterten. Dann polterte und krachte es, als ob der Himmel explodieren würde.

„Hilfe!" stammelte Marianne. „Hier bleibe ich nicht!"

„Ich will auch weg", ächzte Ingrid.

„Sollen wir zu meinen Großeltern laufen?" fragte Lena.

„Blödsinn", sagte Elisabeth mit erzwungener Ruhe. „Es ist wahnsinnig gefährlich, bei einem solchen Unwetter durch die Gegend zu laufen."

„Warum ist das gefährlich?" fragte Karin.

„Weil man vom Blitz getroffen werden kann", erwiderte Elisabeth. „Hier ist es viel sicherer."

Plötzlich rief Karin mit herzzerreißender Stimme: „Die Pferde! Stellt euch vor, wenn eines von ihnen vom Blitz erschlagen wird!"

„Die Pferde wissen schon, wie sie sich zu verhalten haben", sagte ich. Obwohl ich mir Mühe gab, zuversichtlich zu wirken, gelang es mir doch nicht. Ich hörte selbst, wie meine Stimme vor Furcht zitterte.

Niemand konnte mir antworten, denn nun flammte wieder ein Blitz auf, gefolgt von einer ganzen Serie von Donnerschlägen.

„Warum hört das nicht endlich auf?" stöhnte Ingrid.

„Primus wird schon nervös, wenn er ein Moped knattern hört", sagte Marianne sorgenvoll. „Meint ihr nicht, daß er bei dieser Knallerei vor Schreck halb wahnsinnig wird?"

„Nein, das glaube ich nicht", antwortete Elisabeth. „Pferde wissen instinktiv, wie sie sich bei Gewitter zu verhalten haben – sie suchen irgendwo Schutz und bewegen sich nicht. Ihr braucht keine Angst um sie zu haben, die kommen schon zurecht."

Ich war nicht so sicher, daß sie recht hatte, doch mitten in all dem Getöse war es beruhigend, Elisabeth so beherrscht und vernünftig reden zu hören.

Erst nach einer Stunde wurden die Donnerschläge etwas schwächer, und die Blitze wirkten nicht mehr so bedrohlich.

Dafür begann es plötzlich heftig zu regnen, und der Wind heulte ums Haus. Mein Körper schmerzte vor Anspannung und Müdigkeit, doch ich wagte nicht, mich zurückzulegen. Seltsamerweise fühlte ich mich sicherer, wenn ich saß.

Ich versuchte mich zu entspannen, indem ich die Augen schloß und leise bis hundert zählte. Doch ich kam nur bis dreißig denn plötzlich stieß Lena einen entsetzlichen Schrei aus und kreischte: „Seht mal, da! Was ist das?"

Ich fuhr hoch und sah zum Fenster hinüber, auf das sie mit zitterndem Finger deutete. Die Scheibe war vom Regen überspült, doch ich erkannte trotzdem, was Lena so erschreckt hatte. Weit hinten am Waldrand zeigten sich zwei helle, rundliche Gestalten. Sie bewegten sich langsam und schienen ein Stück über dem Erdboden zu schweben.

Wir starben vor Angst – fünf Geister bewegten sich auf uns zu

„Das sind Gespenster!" ächzte Marianne.

Ich wurde ganz starr vor Schreck. Eiskalte Schauder liefen mir über den Rücken. Obwohl ich mich am liebsten umgedreht und in meinem Schlafsack versteckt hätte, konnte ich mich nicht bewegen.

Im zuckenden Schein eines Blitzes sahen wir, daß aus den beiden hellen, unheimlichen Gestalten plötzlich fünf geworden waren. Und alle fünf Geister bewegten sich langsam auf den Bauernhof zu!

Lena begann laut zu schluchzen, und Ingrid stöhnte heiser; wir anderen saßen mit offenem Mund da und brachten keinen Laut hervor. Ich versuchte zu schreien, doch meine Kehle war wie zugeschnürt.

Gleich falle ich in Ohnmacht, dachte ich. Doch gerade da erblickte ich etwas, was mich zusammenfahren ließ. Jetzt gelang es mir endlich, einen Angstschrei auszustoßen: Noch ein weißes, seltsames Wesen kam rasch aus dem dunklen Wald geschwebt und bewegte sich eilig an den anderen fünf Spukgestalten vorbei!

„Ich glaube, ich sterbe!" keuchte Lena.

Nun zitterte ich am ganzen Körper, als hätte ich Schüttelfrost. Nur ein einziger Gedanke beherrschte mich: Was geschah, wenn all diese unheimlichen Gestalten zum Bauernhof kamen, die Fenster einschlugen und die Tür aufbrachen?

Das alles war wie ein Alptraum. Die einzige, die keine Angst zu haben schien, sondern eher ein nachdenkliches Gesicht machte, war Anita. Sie fürchtet sich kaum vor Gespenstern – eigentlich findet sie unheimliche Erscheinungen eher interessant und spannend.

Mir kam es vor, als säßen wir stundenlang so unbeweglich da, doch in Wirklichkeit waren es wohl nur ein paar Minuten. Das Gewitter war vorüber, und der Sturm hatte etwas nachgelassen. Auch der Regen strömte nicht mehr so heftig vom Himmel. Die sechs weißen Spukgestalten hielten sich noch immer am Hügel in der Nähe des Waldrandes auf und schienen nicht näher zu kommen.

„Sehen die aber komisch aus", murmelte ich. „Sie sind so rund. Ich dachte immer, Gespenster sind lang und dünn."

„Das brauchen ja nicht unbedingt Gespenster zu sein", erwiderte Anita. „Vielleicht sind's Wesen von einem anderen Stern, Marsmenschen oder so was?"

„Marsmenschen gibt es nicht", sagte ich schwach.

„Aber an Gespenster glaubst du?" fragte Anita lächelnd.

„Ich weiß nicht."

Lange Zeit sagte keiner mehr ein Wort. Alle starrten durchs Fenster auf die weißen, länglich-runden Gestalten, die sich so seltsam hin und her bewegten. Es war fast, als könnten sie sich nicht recht entschließen, in welche Richtung sie schweben sollten: zum Wald zurück oder auf unser Haus zu . . .

Plötzlich wurde die Stille von einem gewaltigen Schlag gegen die Hausmauer unterbrochen!

Ich verlor die Nerven und stieß einen gellenden Schrei aus, und alle anderen begannen ebenfalls zu kreischen. Wie hypnotisiert beobachteten wir, wie eine große weiße Gestalt am Fenster vorübersauste.

„Hilfe, es kommt durch die Mauer geflogen!" schrie Lena.

„Nein, seht mal!" rief Anita. „Es verschwindet!"

Ich schielte zum Fenster und sah, wie das geisterhafte Wesen ein paarmal auf und nieder sprang und sich dann rasch durch die Dunkelheit zum Wald hin bewegte, wo die übrigen Spukgestalten herumschwebten.

„Was tun wir bloß, wenn sie alle hierherkommen?" stöhnte ich. „Vielleicht stürmen sie die Tür und stürzen sich auf uns! Können wir denn gar nichts tun?"

Niemand antwortete mir. Ich kniff die Augen fest zusammen und war überzeugt, daß uns gleich etwas Furchtbares widerfahren würde. Mir war heiß und kalt zugleich. Ich weiß nicht, wie lange ich wie gelähmt dasaß. Vielleicht waren es zehn Minuten, vielleicht auch eine Stunde. Ich wartete und wartete. Endlich weckte mich Anitas Stimme aus meiner Betäubung. Sie rief: „Seht, jetzt geht die Sonne auf! Und die Spukgestalten sind verschwunden!"

Vorsichtig öffnete ich die Augen. Anita hatte wirklich recht. Der Spuk war vorüber.

Wir waren so froh, daß wir uns eine Zeitlang nur stumm ansahen. Doch dann begannen wir zu kichern. Wir lachten und umarmten einander, und ich begann vor Erleichterung zu weinen.

„Sollten wir nicht wieder nach Hause fahren?" schlug Ingrid schließlich vor. „So eine Nacht will ich nicht noch einmal erleben."

Wir anderen widersprachen: „Was meinst du, was unsere Eltern sagen, wenn wir zurückkommen und sagen, daß wir uns im Dunkeln fürchten? Sie würden uns wie Wickelkinder behandeln. Und die ganze Reitschule würde uns auslachen! Nein, wir bleiben!"

„Ihr habt recht", sagte Ingrid. „Daran habe ich nicht gedacht."

„Die Marsmenschen kommen nicht zurück", behauptete Anita. „Sie finden sicher, daß die Erde ein ungemütlicher Ort ist – naß und voller Lärm."

„Es gibt keine Marsmenschen", wiederholte ich zwischen Lachen und Weinen. „Das waren richtige Gespenster!"

„Es gibt keine Gespenster", sagte Ingrid.

„Wir wollen später versuchen, das Rätsel der weißen Gestalten zu lösen", schlug Elisabeth vor, vernünftig wie immer. „Jetzt müssen wir erst einmal schlafen!"

Schafe spuken durch die Nacht

Wir erwachten davon, daß Lenas Großvater an die Tür klopfte.

„Na, das nächtliche Gewitter hat euch offenbar keinen Schaden zugefügt", sagte er lächelnd.

„Ein bißchen unbehaglich war uns schon zumute", erwiderte Lena vorsichtig.

Ihr Großvater nickte. „Das kann ich verstehen. So ein Unwetter wie heute nacht hat es seit Jahren nicht mehr gegeben."

„Wir dachten, unser letztes Stündlein hätte geschlagen, als es so furchtbar blitzte und krachte", gab Karin zu.

Der alte Mann versicherte uns, daß er es ebenfalls ziemlich beängstigend gefunden hätte, und erzählte: „Meine Schafe und Lämmer sind offenbar auch ganz außer sich vor Angst gewesen, denn sie haben den Weidezaun umgeworfen und sind in den Wald gelaufen."

„Schafe und Lämmer?" wiederholte ich.

„Ja, ganz recht."

„Schafe und Lämmer haben oft weiße Körper und schwarze Beine", sagte Anita nachdenklich. „Das war es also, was wir heute nacht gesehen haben!"

Lenas Großvater nickte. „Ja, dort am Waldrand müssen sie sich aufgehalten haben." Er deutete zum Fenster. „Eines der Schafe ist übrigens hier über den Hof gelaufen, denn man kann noch deutlich seine Spuren erkennen. Es sieht so aus, als wäre das arme Tier in seiner Angst direkt gegen die Hauswand gerannt. Habt ihr vielleicht irgendwann in der Nacht ein seltsames Gepolter gehört?"

Wir begannen zu kichern. „Ja, ein richtiges Spukgepolter!"

„Was meint ihr damit?"

„Hm – wir haben deine Schafe und Lämmer für Gespenster gehalten", gestand Lena ein wenig beschämt.

„Oder für Wesen von einem anderen Stern", fügte Anita hinzu. „Für Marsmenschen oder so was."

„Sie sahen so unheimlich aus", erklärte Elisabeth. „Sie wirkten wie große weiße Klumpen, die über die Erde schwebten."

„Schweben – meine Schafe?" erkundigte sich Lenas Großvater verwundert.

„Na ja, in der Dunkelheit haben wir ihre schwarzen Beine nicht gesehen, und deshalb kam es uns vor, als würden sie über dem Boden schweben!"

Er lachte herzlich. „Na, ihr habt aber eine lebhafte Phantasie! Wenn man sich vorstellt, daß meine harmlosen Schafe und Lämmer sieben Mädchen in Schrecken versetzen konnten!"

„Aber sie sahen so gespenstisch aus", sagte ich.

„Und dazu blitzte und donnerte es, der Wind heulte, der Regen prasselte nieder, und wir fürchteten uns – und natürlich wurden wir nicht gerade munterer, als wir ein halbes Dutzend weißer Gestalten am Waldrand entdeckten!" erklärte Karin.

„Wie spät ist es?" fragte Lena plötzlich.

„Gleich zwölf."

„Du meine Güte, schon so spät? Jetzt aber schnell! Erst müssen wir uns um die Pferde kümmern, und dann wollten wir Unkraut jäten, und..."

„Immer mit der Ruhe", unterbrach uns Lenas Großvater lächelnd. „Ich bin auf dem Weg hierher an der Weide vorbeigekommen und habe festgestellt, daß eure Pferde frisch und munter sind. Und ihr braucht heute auch kein Unkraut zu jäten, denn ich finde, daß ihr euch nach so einer unheimlichen Nacht erst einmal richtig erholen müßt."

„Prima!" riefen wir im Chor.

Nachdem Lenas Großvater wieder gegangen war, krochen wir aus unseren Schlafsäcken. Wir wuschen uns mit kaltem Wasser, brieten Würstchen, aßen rasch ein paar Bissen und gingen dann zur Koppel.

Die Sonne schien von einem wolkenlosen Himmel, und unsere Pferde grasten friedlich, als wäre nichts geschehen.

Ich lief zu Melissa, streichelte sie und fragte: „Hast du heute nacht ein Gespenst gesehen?"

Sie wandte langsam den Kopf und sah mich vorwurfsvoll an, als hätte ich einen dummen Witz gemacht. Dann wieherte sie fröhlich und puffte mich spielerisch in die Seite; da umarmte ich sie lange.

Weil alle Pferde durch den Regen und die aufgeweichte Erde ziemlich schmutzig geworden waren, beschlossen wir, eine Säuberungsaktion zu veranstalten. Wir führten sie zum Haus hinunter und begannen unsere Arbeit damit, daß wir jedes Pony genau nach Verletzungen und Schürfwunden untersuchten. Doch glücklicherweise waren sie alle heil und gesund.

So wie die anderen holte auch ich mein Putzzeug und begann Melissa zu säubern. Das war ziemlich mühsam, denn sie hatte sich offensichtlich mehrmals in nassem Lehm und aufgeweichter Erde gewälzt. Ich nahm an, daß sie sich während des Gewitters vielleicht in irgendeine Mulde gelegt und dort Schutz gesucht hatte.

Ich brauchte beinahe eine halbe Stunde, um Melissas Schweif und Mähne zu reinigen. In den langen Haarsträhnen hatten sich allerlei Grashalme, Blätter und Blumenknospen verfangen. Die Schweifspitze hatte sich in einen einzigen Lehmklumpen verwandelt, der mit Geduld und Vorsicht aufgelöst werden mußte.

Dann kratzte ich Melissas Hufe aus und mußte einen Schraubenzieher zu Hilfe nehmen, denn der Lehm war richtig festgeklebt. So hatte ich große Mühe, ihn wieder zu entfernen.

*Die Dorfbewohner staunten nicht schlecht,
als sieben Mädchen angeritten kamen*

Da die übrigen Pferde nicht viel besser als Melissa aussahen, wurden wir ungefähr zur gleichen Zeit fertig, sattelten unsere Ponys und ritten ins Dorf. Dort kauften wir Eis, Kaugummi und Erdnüsse. Während wir vor dem Kiosk auf unseren Pferden saßen und Eis aßen, blieben die Leute stehen und starrten uns an. Wir genierten uns etwas, waren aber gleichzeitig auch ein wenig stolz. Es ist ein merkwürdiges Gefühl, auf einem Pferd zu sitzen und zu merken, daß man Aufmerksamkeit erregt. Und bestimmt ist es nicht leicht, gleichgültig zu wirken, wenn man in der einen Hand ein Eis hält und in der anderen eine Tüte Erdnüsse und gleichzeitig sein Pferd unter Kontrolle haben muß. Doch man schafft es, falls man nicht gerade zu nervös dabei ist. Schließlich ritten wir in Reih und Glied wieder aus dem Dorf und bogen auf den Pfad ab, der zum Bauernhof hinaufführt.

„So müßte man jeden Tag leben können", sagte Elisabeth, die an meiner Seite ritt.

„Ja, besser kann's einem gar nicht gehen", erwiderte ich. „Nur Leckerbissen essen, auf einem lieben Pferd zu reiten, Sonnenschein zu haben und die Freiheit, das zu tun, was einem Spaß macht."

„Ich möchte jetzt baden!" rief Elisabeth plötzlich so laut, daß alle es hörten.

„Gut, reiten wir zum See", stimmte Lena zu.

„Ja, aber zuerst müssen wir unsere Badeanzüge holen", sagte Ingrid.

„Volle Kraft voraus!" rief ich und spornte Melissa an, die sofort in Galopp fiel. „Wir machen ein Wettrennen – wer zuerst beim Bauernhof ist!"

Die anderen folgten mir mit fröhlichem Hallo. Der Boden dröhnte unter den Hufen unserer sieben Pferde. Melissa schoß wie eine Rakete vorwärts. Manchmal ist sie richtig in der Stimmung zum Wettrennen. Dann entwickelt sie solch ein Tempo, daß mir fast schwindlig wird.

Melissa galoppierte zuerst an Figaro vorbei, dann an Charlie und Munter. Anita und Marianne versuchten so zu reiten, daß ihre Pferde uns den Weg verstellten. Doch ich schaffte es, mich zwischen sie zu drängen, und ließ sie ohne Schwierigkeiten hinter mir. Ingrid auf Star Dust hatte ein gutes Tempo vorgelegt und hielt es auch fast die ganze Zeit über durch. Doch in der letzten Kurve vor dem Bauernhof kam sie dem Gebüsch am Wegrand etwas zu nahe und mußte ihre Geschwindigkeit verringern. Und da gelang es mir, sie zu überholen! Melissa und ich erreichten den Hof mehrere Pferdelängen vor den anderen.

„Was bekomme ich als ersten Preis?" fragte ich, als alle eingetroffen waren.

„Du hast die große Ehre, als erste ins Wasser springen zu dürfen", sagte Elisabeth.

„Puh, nein!"

„Doch!" riefen die anderen. „Schließlich bist *du* auf die Idee gekommen, aus dem Heimritt ein Wettrennen zu machen, und deshalb ist's nur gerecht, daß *wir* den Preis festsetzen. Wenn du nicht freiwillig ins Wasser gehst, werfen wir dich hinein!"

„Ich hab das Gefühl, daß ich ein bißchen heiser und verschnupft bin", sagte ich und versuchte ein leidendes Gesicht zu machen.

„Schwimmen ist gesund!" erwiderte Karin mitleidlos. „Ein erfrischendes Bad hilft gegen die schlimmste Erkältung. Jetzt hole ich unsere Badeanzüge. Haltet Munter für mich."

Sie reichte Anita die Zügel, lief ins Haus und kam wie der Blitz mit einem Arm voller Badesachen zurück. Im Schritt ritten wir zum See hinunter; Lena hatte die Führung übernommen. Ich tat so, als hätte ich fürchterliche Angst vor dem Wasser, und das machte meinen Freundinnen Spaß. Sie freuten sich schon darauf, mich in den See werfen zu können.

Zuerst ließen wir die Pferde eine Weile durchs seichte Wasser gehen, damit sie sich erfrischen konnten. Dann banden wir sie an einen Zaun und zogen unsere Badeanzüge an.

Natürlich erwarteten alle, daß ich zuerst ins Wasser ging. Doch aus Spaß weigerte ich mich und versuchte, den anderen zu entkommen, indem ich auf einen Baum kletterte, der dicht am Seeufer stand.

Karin und Anita kletterten hinterher, und ich rettete mich auf einen kräftigen Ast, der sich im Wasser spiegelte.

„Wagt es bloß nicht, näher zu kommen!" sagte ich zu Anita und Karin. „Sonst wippe ich auf dem Ast, und dann fallt ihr in den See!"

Um sie abzuschrecken schaukelte ich kräftig auf meinem Ast. Doch das hätte ich nicht tun sollen. Denn plötzlich erklang ein Krachen und Knacken, der Ast brach ab, und ich fiel kopfüber ins Wasser!

Ich erschrak so, daß ich glaubte, mein Herz würde stehenbleiben. In meinen Ohren blubberte das Wasser. Es war ziemlich kalt. Ich hatte Schlingpflanzen in den Haaren und fand die ganze Sache nicht besonders lustig. Doch die anderen Mädchen vom Ponyklub waren natürlich der Meinung, das alles sei unheimlich komisch. Sie lachten und hielten sich die Bäuche vor Vergnügen.

„Ich weiß wirklich nicht, was daran so lustig sein soll!" sagte ich und versuchte, meine Stimme sehr ruhig und beherrscht klingen zu lassen. Ich gab mir die größte Mühe den Eindruck zu erreichen, als wäre es herrlich, im kalten Wasser herumzuschwimmen.

Anita und Karin waren noch immer auf dem Baum und hielten sich die Bäuche vor Lachen. Sie deuteten auf mich und schlugen sich auf die Schenkel. Dann begann Anita mir spöttisch zuzuwinken – und da verlor sie das Gleichgewicht! Sie fuchtelte mit den Armen in der Luft herum, griff nach Karin und versuchte sich an ihr festzuhalten. Doch da verlor auch Karin den Halt. Die beiden balancierten ein paar Sekunden wild auf ihrem Ast hin und her und flogen dann mit elegantem Schwung direkt ins Wasser!

Nun fand ich die Sache außerordentlich spaßig und begann so zu lachen, daß ich beinahe untergegangen wäre. Sowohl Anita als auch Karin kreischten, platschten und prusteten eine Weile. Doch dann brachen sie ebenfalls in Gelächter aus.

Mögen Pferde Knöpfe?

Am nächsten Morgen waren wir schon verhältnismäßig früh munter, frühstückten ausgiebig und gingen dann zu unseren Pferden. Das erste, was wir sahen, war Munter. Er stand am Zaun, wo wir am vergangenen Abend unsere Wäsche zum Trocknen aufgehängt hatten. In einem Anfall von seltsamem Appetit hatte Munter es sich offensichtlich in den Kopf gesetzt, daß frischgewaschene Kleidungsstücke das Beste und Schmackhafteste sind, was es gibt. Denn er hatte ein Hosenbein von Ingrids Blue jeans im Maul, und neben ihm lagen die übrigen Blusen, Jacken und Hosen in wildem Durcheinander auf dem Boden.

„Seht bloß mal, was er gemacht hat!" rief Karin und hielt ihre Bluse hoch. Jeder einzelne Knopf war ausgerissen, so daß große Löcher im Stoff entstanden waren.

„Die Knöpfe liegen bestimmt im Gras", meinte Lena.

Wir begannen zu suchen, während Elisabeth feststellte, daß Munter einen Holzknopf mitsamt einem Stück Strickrand von ihrer Jacke losgerissen hatte. Und ich sah, daß zwei schöne Zierknöpfe an meinen Jeans fehlten.

Wir suchten und suchten, fanden jedoch keinen einzigen Knopf.

„Das gibt's doch nicht, die müssen hier irgendwo sein!" sagte Karin.

„Falls Munter sie nicht aufgefressen hat", erwiderte ich.

„Mögen Pferde Knöpfe?" fragte Marianne verwundert.

„Wenn ein Pferd in einer ganz bestimmten Laune ist, kann es alles mögliche verschlingen", versicherte ich.

„Sogar Knöpfe? Was für seltsame Leckerbissen!" murmelte Marianne.

Karin legte die Hand auf Munters Nase und öffnete vorsichtig sein Maul. Dann stieß sie einen leichten Schrei aus und rief: „Seht mal, was er da zwischen den Zähnen hat! Einen Stoffetzen und einen halben Knopf! So ein Gauner!"

„Das ist der Rest von meinem Jackenknopf", sagte Elisabeth.

Munter sah ungewöhnlich zufrieden und vergnügt aus; offenbar hatte ihm Elisabeths Holzknopf geschmeckt!

„Meint ihr, daß er davon krank werden könnte?" fragte Karin ängstlich.

Elisabeth schüttelte den Kopf. „Bestimmt nicht. So ein Pferdemagen hält mehr aus, als man glaubt."

„Aber wie konnte er denn bloß auf den Einfall kommen, die Knöpfe aufzufressen, um Himmels willen?" sagte Lena. „Das ist doch schließlich kein natürliches Futter für ein Pferd, oder?"

„Ach, wenn's darum geht, was Tiere fressen, kann man die merkwürdigsten Sachen erleben", erwiderte ich. „Mein

Bruder Michael hat zum Beispiel ein Aquarium mit vielen Fischen. Und wißt ihr, womit er die manchmal füttert?"

„Nein, womit denn?"

„Mit Ameiseneiern!" erklärte ich.

„Ameiseneier?" wiederholte Karin. „Was ist denn daran so merkwürdig?"

„Na ja, ich frage mich bloß, wie die Aquarienfische darauf kommen, daß sie gerade Ameiseneier mögen", antwortete ich. „Schließlich gibt's doch keinen natürlichen Zusammenhang zwischen Ameisen und Fischen."

„Weiß dein Bruder auch keine Erklärung dafür?"

„Er sagt nur, daß wohl irgendein kluger Mensch einmal auf die Idee gekommen ist, daß Fische Ameiseneier mögen."

„Vielleicht mögen sie die Ameiseneier gar nicht, müssen sie aber fressen, um nicht zu verhungern?" überlegte Anita.

„Und was hat das mit Munter und unseren Knöpfen zu tun?" erkundigte sich Karin.

„Ich wollte euch nur begreiflich machen, daß Tiere unheimlich komische Sachen fressen, und daß es für Munter vielleicht ganz natürlich war, die Knöpfe zu vertilgen."

„Nicht nur Tiere vertilgen merkwürdige Sachen", warf Ingrid ein. „Sogar wir Menschen tun das. Und außerdem gibt's ja auch Leute, die rauchen, was sowohl nutzlos als auch schädlich ist."

„Tiere sind vielleicht klüger als wir Menschen", sagte Elisabeth. „Ich habe jedenfalls noch nie ein Tier rauchen gesehen."

„Aber geräucherte Tiere hab ich schon gesehen", kicherte ich. „Geräucherten Aal und geräucherten Lachs und . . ."

„Jetzt hört aber auf mit dem Blödsinn!" unterbrach mich Anita lachend. „Kommt, wir reiten."

„Ob Munter wohl Bauchschmerzen von den Knöpfen bekommt, wenn ich ihn bewege?" überlegte Karin.

„Habt ihr schon mal ein Pferd rauchen gesehen?"

„Du kannst dir ja anfangs Zeit lassen und beobachten, wie er sich verhält", schlug ich vor.

Karin nickte und schwang sich auf Munters Rücken. Wir anderen gingen zu unseren Pferden und ritten ohne Sättel zum Bauernhof hinunter. Vor dem kleinen Stall, in dem wir den größten Teil unserer Reitausrüstung untergebracht hatten, hielten wir an.

Wir sattelten die Ponys, setzten unsere Reitkappen auf und begannen unseren Morgenritt in gemächlichem Tempo. Zuerst schlugen wir einen Pfad ein, der sich zwischen zwei Wiesen dahinschlängelte, machten einen kleinen Abstecher durch den Wald, galoppierten über ein Feld und kehrten dann zur Weide zurück. Die Knöpfe, die Munter gefressen hatte, schienen ihm keinerlei Beschwerden zu bereiten, und darüber waren wir alle heilfroh.

„Trotz Unwetter und spukenden Schafen muß man feststellen, daß wir bisher Glück gehabt haben", bemerkte Elisabeth, als wir absattelten. „Etwas wirlich Schlimmes ist jedenfalls nicht passiert."

„Was meinst du mit ‚etwas wirklich Schlimmes'?" fragte Anita. „Daß ein Pferd sich verletzt oder krank wird", erwiderte Elisabeth.

Ich nickte zustimmend und ahnte nicht, welche Aufregung mir mit Melissa bevorstand ...

Ein verpatzter Morgenritt

Als die ersten Sonnenstrahlen durchs Fenster schienen, fielen sie natürlich ausgerechnet auf mein Gesicht. Ich blinzelte, sah auf die Uhr und stellte fest, daß es erst halb sechs war. Eine Weile überlegte ich, ob ich wieder weiterschlafen sollte. Doch dann stand ich mit einer Entschlossenheit auf, die mich selbst wunderte, und zog mich an. Natürlich bewegte ich mich möglichst leise und vorsichtig, um meine Freundinnen nicht aufzuwecken.

Ich ging in den Stall, holte die Trense und wanderte durchs taufeuchte Gras zur Koppel. Die Luft war frisch und klar, der Himmel wolkenlos. Als ich über den Zaun kletterte, sah ich Star Dust, Munter und Charlie unter einem Baum stehen. Ein Stück entfernt grasten Figaro, Filur und Primus. Doch wo war mein Pony? Unruhig sah ich mich um und rief: „Melissa! Wo bist du? Melissa!"

Da hörte ich ein leises Wiehern vom Gehölz her. Langsam ging ich über die Weide. Und da lag sie im Gras unter einem Baum und machte einen verschlafenen Eindruck.

Melissa wandte langsam den Kopf und sah mich verwundert an, als erwartete sie eine Erklärung für mein frühes Auftauchen. Ich beugte mich über sie und flüsterte ihr zu, daß ich gern einen kleinen Spazierritt mit ihr unternehmen wollte, falls sie nichts dagegen hätte.

Sie machte ein nachdenkliches Gesicht – fast, als müsse sie sich meinen Vorschlag erst überlegen. Dann jedoch erhob sie sich mit lautem Stöhnen, schüttelte sich und blinzelte, während ich ihr die Trense anlegte. Dann schwang ich mich auf Melissas Rücken und ritt ohne Sattel direkt von der Koppel zum Wald.

Wie schön es hier war! Die Sonnenstrahlen glitzerten zwischen den Baumstämmen, und Tautropfen funkelten wie Perlen auf Blättern und Grashalmen. Es war völlig still. Nur wenn ein Tier vom Hufschlag erschreckt wurde und sich rasch im dichten Unterholz verbarg, raschelte es. Melissa sah sich neugierig um; bei jedem Geräusch machte sie Anstalten, in wildem Galopp davonzustürmen oder einen Bocksprung zu vollführen. Ohne Sattel saß ich ein wenig unsicher auf ihrem Rücken, rutschte mehrmals zur Seite und klammerte mich an ihrer Mähne fest, um wieder ins Gleichgewicht zu kommen.

Als wir beide ein wenig atemlos vom schnellen Ritt waren, verringerten wir das Tempo und setzten unseren Weg im Schritt fort. Ich genoß die märchenhafte Stimmung. Es war herrlich, so allein durch den morgendlichen Wald zu reiten.

Gemächlich näherten wir uns einer Lichtung. Dort machten wir halt, ich stieg ab, band Melissa an eine Birke, legte mich ins Gras und sah zum blauen Himmel. Doch schon bald wieherte Melissa ungeduldig. Sie fand es offenbar langweilig, hier so ruhig stehen zu müssen. Ich sprang also wieder auf, schwang mich auf ihren Rücken und sagte: „Wollen wir über die Wiese galoppieren?"

Mein Pony scharrte mit dem rechten Vorderhuf und stürmte dann sofort munter vorwärts. Wir ritten in einem großen Bogen um die Lichtung, schnell wie der Wind, und ich rief: „Noch eine Runde – dann reiten wir nach Hause!"

Wieder preschte Melissa los. Ich hatte alle Mühe, das Gleichgewicht zu halten, schaffte es jedoch, obwohl ich ein paarmal fast abgerutscht wäre.

Dann nahmen wir Kurs auf den Waldpfad, und Melissa verstärkte ihr Tempo noch. Mir wurde fast ein wenig schwindlig, so schnell sausten wir an den Bäumen vorbei.

Leider ging es sowohl für Melissa als auch für mich etwas zu rasch, denn keiner von uns bemerkte den Graben, der plötzlich vor uns auftauchte. Melissa stolperte darüber, und ich machte mich auf einen Sturz gefaßt. Doch auf wunderbare Weise gelang es meinem Pony, sich auf den Beinen zu halten. Erst als wir den Waldrand erreicht hatten, merkte ich zu meinem Schrecken, daß Melissa lahmte.

Sie hatte sich offenbar am linken Vorderbein verletzt. Ich sprang ab, und hoffte dabei inständig, daß Melissa sich nur einen Stein in den Huf getreten hatte.

Doch so einfach war die Sache leider nicht. Ich fand keinen Stein, merkte jedoch, daß das Fesselgelenk meines Ponys heiß war. Jetzt wurde mir klar, daß Melissa sich den Fuß vertreten oder verstaucht hatte, als wir über diesen heimtückischen Graben stolperten.

Ich war traurig und wütend zugleich – und voller Angst. Melissa begann völlig unbekümmert zu grasen, als wäre nichts geschehen, während ich vor ihr stand und hilflos überlegte, was ich tun sollte.

Wie schlimm war es? Würde mein Pony lange lahmen? Einen Tag, eine Woche, oder vielleicht einen Monat lang? Mußte ich einen Tierarzt anrufen? Am liebsten hätte ich mich ins Gras gesetzt und geweint. Doch das nützte ja weder meinem Pferd noch mir etwas. Also nahm ich die Zügel und führte Melissa langsam heimwärts.

Es dauerte über eine Stunde, bis wir zum Bauernhof kamen. Erst jetzt merkte ich, daß ich großen Hunger hatte.

Meine Freundinnen hatten gerade ihre Pferde von der Weide geholt und waren auf dem Hof versammelt. Marianne erblickte mich als erste und rief: „Seht mal, da kommt die Frühaufsteherin Kiki!"

„Morgenstund hat Gold im Mund!" verkündete Marianne.

„Bist du vom Pferd gefallen und traust dich nicht mehr zu reiten?" lachte Karin.

„Eure Witze könnt ihr euch sparen", sagte ich mürrisch. „Ihr werdet gleich nicht mehr so lustig sein, wenn ihr seht, was passiert ist."

Ich lief ein Stück mit Melissa über den Hof, damit die anderen sehen konnten, daß sie lahmte. Nun lachte niemand mehr. Gemeinsam überlegten wir, was wir tun sollten.

„Ich finde, wir müssen einen Tierarzt holen", meinte Ingrid, und Lena stimmte ihr zu.

Doch Karin war anderer Meinung. „Der Tierarzt wirft nur einen Blick auf Melissa und sagt, daß sie einige Zeit nicht bewegt werden darf. Und dann mußt du fünfzig Mark dafür bezahlen. Die kleine Schwellung vergeht bestimmt von selbst, wenn Melissa eine Zeitlang Ruhe hat."

Elisabeth nickte. „So kleine Verletzungen heilen für gewöhnlich von allein."

Nach langem Hin und Her beschloß ich, bis zum nächsten Tag zu warten. Falls die Schwellung dann noch nicht zurückgegangen war, mußte ich Lenas Großvater bitten, einen Tierarzt anzurufen.

Ich brachte Melissa in den kleinen Stall und versorgte sie, so gut ich konnte. Sorgsam kühlte ich ihr linkes Vorderbein mit Wasser, und das schien ihr gutzutun.

Den ganzen Tag über war ich in großer Sorge und ging etwa ein dutzendmal in den Stall, um nach Melissa zu sehen. Sie schien ganz zufrieden damit zu sein, in der Box zu stehen. Auch ihr Fesselgelenk schwoll nicht stärker an. Ich brachte ihr Gras und Wasser und bürstete ihren langen, schönen Schweif. Ja, ich stürzte mich in wilde Geschäftigkeit, um nicht daran denken zu müssen, was passieren würde, wenn Melissas Gelenk plötzlich schlimmer wurde ...

Am Nachmittag saßen wir alle vor dem Stall und brachten unsere Reitsachen in Ordnung. Melissa beobachtete uns neugierig durch das Fenster und wirkte recht munter.

„Morgen ist sie wieder in Ordnung", versicherte Elisabeth.

„Ruhe ist die beste Medizin", meinte Anita.

Alle taten ihr Bestes, um mich zu beruhigen. Trotzdem war ich so ängstlich, daß mir immer wieder die Tränen in die Augen stiegen.

Ich war sicher, daß ich in der kommenden Nacht kein Auge zutun würde. Ich lag dann auch lange wach und starrte zur Decke. Doch schließlich schlief ich erschöpft ein. Mein letzter Gedanke galt Melissa. Was würde der morgige Tag bringen?

Unsere Freunde, die Fußballer

Punkt sieben Uhr wachte ich auf, schlüpfte mit Rekordgeschwindigkeit in meine Jeans und einen Pullover und lief zum Stall. Vor der Tür blieb ich stehen und schluckte ein paarmal, ehe ich genug Mut gesammelt hatte, um den Stall zu betreten.

Melissa empfing mich mit freudigem Wiehern. Ich ging in ihre Box, kniete neben ihr nieder und warf einen angstvollen Blick auf ihr linkes Vorderbein. Von einer

Schwellung war nichts mehr zu sehen! Vorsichtig strich ich über das Fesselgelenk – es fühlte sich nicht mehr heiß an! Ich weinte und lachte vor Freude, sprang auf und schlang die Arme um Melissas Hals. Wie herrlich, daß es nur eine leichte Verletzung gewesen war!

Wie der Wind lief ich ins Haus zurück und rief, so laut ich konnte: „Melissa ist gesund! Alles ist in Ordnung!"

Die anderen fuhren hoch und sahen mich einen Augenblick lang verwirrt an. Dann begannen auch sie vor Freude zu lächeln. Ich sprang wie ein Irrwisch durchs Zimmer und jubelte, ergriff mein Kopfkissen und warf es Anita vor Begeisterung an den Kopf, die es sofort zurückschleuderte. Doch ich bückte mich rechtzeitig, und das Kissen traf statt dessen Lenas Magen. Im nächsten Augenblick war die Kissenschlacht in vollem Gang. Schlafsäcke und Decken flogen durch die Gegend, und bald herrschte ein wildes Durcheinander. Schnaufend und keuchend sanken wir auf den Boden und hielten uns die Bäuche vor Lachen.

Als wir uns endlich beruhigt hatten, räumten wir auf, machten unsere Betten und frühstückten. Dann ritten meine Freundinnen ins Dorf, um einzukaufen. Währenddessen nahm ich Melissa am Halfter und führte sie auf die Weide, damit sie grasen konnte, brachte sie jedoch danach wieder in den Stall, denn sie sollte sich noch erholen.

Dieser Tag verging wie im Flug – wir badeten, halfen Lenas Großeltern auf dem Bauernhof und sonnten uns. Nachmittags lieh ich mir Charlie aus, um zu reiten.

„Morgen ist Melissa wieder ganz in Ordnung", sagte Elisabeth.

Gegen Abend hörten wir eine Weile Radio und sangen die Schlager mit, die wir kannten. Sicherlich klang es furchtbar falsch, aber was tut das schon, wenn es einem Spaß macht?

Als wir endlich in unsere Schlafsäcke krochen, begann es zu regnen. Diesmal war es glücklicherweise kein Gewitter, sondern ein leichter Sommerregen. Und der Wettergott meinte es weiterhin gut mit uns: Am nächsten Morgen schien wieder die Sonne. Ich führte Melissa aus dem Stall, während die anderen ihre Pferde von der Koppel holten und sie trockenrieben.

„Ich hätte Lust zu einem Galopp!" verkündete Anita.

„Nein, wir könnten doch ein paar Hindernisse aufbauen und springen", schlug Karin vor.

„Ich finde, wir sollten uns einen Platz suchen, wo wir Dressur üben können", meinte Elisabeth.

„Ja, einverstanden!" sagten Marianne und ich gleichzeitig.

Karin und Anita schlossen sich Elisabeths Vorschlag an, und wir starteten zum Erkundungsritt. Melissa trabte genauso munter dahin wie sonst; ihr Fesselgelenk bereitete ihr offenbar keinerlei Beschwerden. Da der Boden etwas naß war, ritten wir vorsichtig. Hinter der Weide fanden wir einen kleinen Pfad, der uns noch unbekannt war. Wir folgten ihm und kamen an einem Acker vorbei an ein Birkenwäldchen. Dahinter erstreckte sich eine wunderbare Wiese.

„Das ist die beste Dressurbahn, die man sich wünschen kann!" rief Karin und trieb ihr Pferd zum Galopp an. Die anderen folgten ihr rasch, nur Melissa und ich ließen uns Zeit.

Wir stiegen ab und sahen uns um. Das Gras schien frisch gemäht zu sein, und ein paar seltsame Pfähle waren an jedem Ende der Wiese aufgestellt. An einigen Stellen war die Erde so naß, daß die Hufe unserer Pferde kleine Löcher hinterließen.

„Wenn der Boden trocken ist, haben wir hier einen perfekten Platz zum Dressurreiten", meinte Elisabeth.

*„Macht, daß ihr wegkommt, das ist unser
Fußballplatz!" riefen die Jungen empört*

Wir stiegen wieder auf unsere Ponys und wollten gerade eine Runde um die Wiese reiten, als hinter uns wildes Geschrei erklang. Es waren etwa ein Dutzend Jungen, die angerannt kamen, mit den Armen fuchtelten und uns zuriefen, daß wir verschwinden sollten.

„Macht, daß ihr wegkommt, das ist unser Fußballplatz!" brüllten sie und machten einige Meter vor uns halt. Die Pferde wurden unruhig von dem Geschrei und begannen nervös mit den Hufen zu stampfen.

„Seht doch, was die Pferde für Löcher in den Boden machen!" schimpfte ein großer, blonder Junge und deutete auf Melissa, die mit dem rechten Vorderhuf im Gras scharrte.

„Tut mir leid", erwiderte ich, „aber wenn ihr nicht so geschrien hättet, wären unsere Ponys nicht nervös geworden."

„Merkst du denn nicht, daß die Pferde unseren Fußballplatz kaputtmachen?" fragte der Blonde böse.

„Ist das hier ein Fußballplatz?" erkundigte ich mich verdutzt.

„Das sieht man doch, schließlich steht ja hier ein Tor und dort noch eines!" antwortete er und deutete auf die Pfosten am Rand der Wiese.

„Aber was macht es schon aus, wenn ein paar kleine Mulden im Boden sind?" meinte ich.

Die Jungen sahen uns ziemlich herablassend an, und einer von ihnen, der dichtes dunkles Haar hatte, sagte: „In so einem Loch kann man sich ganz leicht den Fuß verstauchen. Außerdem springt der Ball schräg hoch, wenn er auf eine Unebenheit prallt."

Ich streifte meine Freundinnen mit einem Seitenblick. Sie wirkten alle ein bißchen verlegen.

„Wir wußten ja nicht, daß das euer Fußballplatz ist", sagte ich mit entschuldigendem Lächeln.

„Ihr müßt die Löcher wieder auffüllen, die eure Pferde gemacht haben", erwiderte der Blonde.

„Auf der Stelle?" fragte Karin.

„Ja, wir wollen jetzt spielen."

So blieb uns nichts anderes übrig, als abzusteigen.

Ingrid und Marianne hielten die Zügel der Pferde, während wir anderen sorgfältig die Löcher einebneten, die unsere Pferde hinterlassen hatten.

„Geht es so?" fragte ich schließlich.

„Einigermaßen", sagte der Dunkelhaarige. „Und in Zukunft könnt ihr euch einen anderen Platz zum Reiten aussuchen als ausgerechnet diese Wiese."

Wir versicherten feierlich, daß ihr Fußballplatz künftig tabu für uns sein würde. „Aber wir können doch zusehen, während ihr spielt?" fragte Karin.

„Ja, natürlich, gern!" erwiderte der Blonde gnädig. „Wie heißt ihr übrigens?"

Wir sagten ihnen unsere Namen, und die Jungen nannten die ihren. Der Blonde hieß Thomas und der Dunkelhaarige Fredrik. Sie wußten bereits, daß wir im Bauernhof wohnten, denn einer der Jungen, Max, lebte in der Nachbarschaft von Lenas Großeltern.

Wir banden unsere Pferde also an eine Baumgruppe und sahen den Jungen beim Fußballspielen zu. Es machte richtigen Spaß, zu beobachten, wie sie hinter dem Ball herliefen. Nach einer halben Stunde legten sie eine Pause ein und luden uns – so unglaublich es auch klingt – zu Saft und Studentenfutter ein! Und wir wurden richtig gute Freunde, auch wenn wir uns gegenseitig kräftig aufzogen. Wir taten so, als hätten wir von Fußball nicht die geringste Ahnung, und die Jungen machten sich über unsere Reitleidenschaft lustig.

Als wir nach Hause ritten, sagte Karin: „Die waren richtig nett, findet ihr nicht?"

„Ob sie uns wohl mal besuchen?" überlegte Ingrid.

Ich schüttelte den Kopf. „Ich glaube kaum. Die interessieren sich ja doch nur für Fußball."

„Stellt euch mal vor, wie prima das wäre, wenn sie genausoviel für Pferde übrig hätten wie für Fußball!" sagte Anita. „Dann würden wir uns bestimmt großartig verstehen."

„Von denen wagt es doch keiner, sich auf ein Pferd zu setzen", behauptete Lena.

„Das wäre ein Spaß, zuzusehen, wie einer von den Jungen zu reiten versucht", sagte ich. „Bestimmt würden wir uns biegen vor Lachen!"

Eine gefährliche Mutprobe

Wir ahnten nicht, wie bald wir die „Fußballer" wiedersehen sollten. Am nächsten Tag, als wir neben dem Koppelzaun im Gras lagen und unser Mittagessen verzehrten, hörten wir plötzlich durchdringende Pfiffe. Tatsächlich – da waren sie wieder! Voran ging Thomas und sagte: „Na, da liegen sie ja auf der faulen Haut, die Pferdemädels."

Seine Freunde lachten, als hätte er einen großartigen Witz gemacht. Wir erwiderten nichts.

„Besteht nicht die Gefahr, daß Mädchen, die pferdenärrisch sind, plötzlich ein Pferdegebiß bekommen?" fragte einer, der Henrik hieß.

Wir fanden das gar nicht lustig.

„So ein Blödsinn!" sagte ich. „Dafür seid ihr fußballnärrisch, und wir behaupten ja auch nicht, daß ihr bald wie Fußbälle aussehen werdet. Das wäre genauso albern."

Da wurden die Jungen ein bißchen verlegen, und wir schwiegen alle ziemlich lange. Doch dann sagte Thomas: „Fußballspielen ist schwer, aber Reiten ist keine Kunst. Man setzt sich nur auf ein Pferd und läßt es einfach gehen oder laufen."

Wir sieben Mädchen vom Ponyklub stöhnten nur über soviel Blödheit. Und ich erwiderte: „Wenn ihr wüßtet, wie dumm wir es finden, wenn jemand das behauptet, der noch nie auf einem Pferd gesessen hat!"

„Ich bin schon geritten!" rief ein sommersprossiger kleiner Kerl. „Auf dem Pferd meines Onkels, das Prinz heißt. Und es war ganz leicht!"

„Freilich ist es leicht", bestätigte Thomas. „Man setzt sich nur in den Sattel, und wenn man in eine bestimmte Richtung will, zieht man auf der entsprechenden Seite am Zügel. Wenn man möchte, daß das Pferd stehenbleibt, zieht man an beiden Zügeln gleichzeitig. Was soll daran schwierig sein?"

Seine Freunde nickten und echoten: „Die einfachste Sache von der Welt!"

Unsere Wut mußten wir ganz schön zügeln. Das konnten wir uns keineswegs gefallen lassen!

„Du, Thomas", sagte ich, „weil du meinst, daß Reiten so eine einfache Sache ist, gebe ich dir die Möglichkeit, es zu beweisen. Jetzt hole ich meine Trense und stelle dir mein Pferd zur Verfügung, dann wollen wir mal sehen, was du kannst!"

„Aber sei nicht böse, wenn wir dich auslachen", fügte Karin kichernd hinzu.

Ich sah Thomas direkt in die Augen und konnte ein Lächeln nicht unterdrücken, denn er wirkte etwas nervös. Wie der Blitz rannte ich los, um die Trense zu holen. Unterwegs plagte mich jedoch mein Gewissen etwas; vielleicht war es gemein von mir, daß ich Thomas zwang, vor allen zu reiten. Er konnte sich ja nicht weigern, wenn er sich nicht vor seinen Kameraden blamieren wollte.

Tapfer stieg Thomas über den Koppelzaun, obwohl es mir vorkam, als wäre er am liebsten davongelaufen. Seine Freunde machten ein großes Hallo und riefen: „Zeig's ihnen, los doch!" Also blieb ihm nichts anderes übrig, als sich Melissa vorsichtig zu nähern.

Ich lächelte ihn an und sagte leise: „Du mußt wohl jetzt aufs Pferd steigen, sonst lachen sie dich aus."

Er nickte nur und lächelte mit bleichem Gesicht zurück.

Dann nahm er einen Anlauf und rannte auf Melissa zu. Sie erschrak natürlich, als der fremde Junge auf sie zugestürmt kam, und trat deshalb einen Schritt zur Seite – im gleichen Augenblick, als Thomas sich auf ihren Rücken schwingen wollte.

Natürlich fiel er kopfüber ins Gras. Die Zuschauer am Koppelzaun schrien vor Lachen. Eigentlich tat mir Thomas leid. Deshalb bot ich ihm an, beim Aufsteigen zu helfen. Er rappelte sich wieder auf und nahm meine Hilfe widerwillig an. Diesmal schaffte er es wirklich, hinaufzukommen, und ich fragte: „Soll ich Melissa für dich führen?"

„Nein, danke", erwiderte er großspurig. „Ich bin schließlich kein kleines Kind mehr."

„Wie du willst", sagte ich und ließ Melissas Zügel los. Sie begann sofort zu grasen, ohne sich darum zu kümmern, daß sie einen Reiter auf ihrem Rücken trug.

Thomas sah zuerst ein wenig verdutzt aus. Doch dann brummte er: „Mensch, hast du eine faule Schindermähre! Die rührt sich ja nicht vom Fleck!"

Da wurde ich wütend. Was für eine Frechheit, Melissa eine Schindermähre zu nennen! Ich lief zu einer nahen Birke und brach einen Zweig mit dichtem Laubwerk ab. Dann sauste ich zu meinem Pony zurück, fuchtelte wild mit dem Zweig und schrie dabei laut.

Da kam Leben in Melissa! Sie stürzte augenblicklich davon, als wäre der Teufel hinter ihr her, und die übrigen Pferde folgten ihr. Als ich sah, wie erschrocken Thomas war, bereute ich sofort, was ich getan hatte. Er kämpfte verzweifelt, um sich auf Melissas Rücken zu halten. Die Zaungäste lachten anfangs, doch dann bemerkten sie, wie krampfhaft sich Thomas an Melissas Mähne festklammerte; da wurden sie stiller.

Alle Pferde galoppierten nun wie die Wilde Jagd über die Wiese, Melissa an der Spitze. Sie stürmte entschlossen vorwärts, und ich fürchtete, daß sie nur zu bald einen Versuch machen würde, den fremden Reiter abzuwerfen. Und ich konnte nichts tun, um sie aufzuhalten. Angst überfiel mich. Was hatte ich nur angestellt?

Melissa preschte quer über die Weide mit Thomas auf ihrem Rücken, und ich wagte kaum hinzusehen. Thomas wirkte völlig verängstigt; ich fragte mich, wie das noch enden sollte.

Gerade als ich überlegte, ob ich einfach auf Melissa zulaufen und versuchen sollte, ihre Zügel zu ergreifen, entschloß sie sich, stehenzubleiben!

Sie vollführte zuerst einen Bocksprung und hielt dann so unvermittelt an, daß Thomas sich nicht länger festhalten konnte, sondern über ihren Kopf hinwegflog und im Gras landete.

Ich hielt den Atem an. Hatte er sich verletzt? Da hob er den Kopf – er machte ein Gesicht, als hätte er ein Gespenst gesehen. Vermutlich fürchtete er, Melissa könnte ihn treten. Doch ich wußte, daß Pferde so etwas nur sehr selten tun, nie mit Absicht. Deshalb lief ich auf die beiden zu und rief: „Nimm die Zügel, schnell!"

Ich glaubte nicht, daß er mich verstehen würde, doch er griff geistesgegenwärtig nach den Zügeln, erhob sich und stand auf unsicheren Beinen im Gras. Dabei versuchte er, ein fröhliches Gesicht zu machen, obwohl er weiß wie ein Laken war.

Ich konnte es nicht lassen, zu ihm zu sagen: „Warst nicht du derjenige, der behauptet hat, daß Reiten keine Kunst sei?"

Er lächelte schwach, antwortete jedoch nicht. Ich nahm Melissas Zügel, und wir gingen zu den anderen, die am Zaun standen und Beifall klatschten. Thomas gab sich große Mühe, lässig zu wirken, als er seine Freunde fragte: „Wer von euch will jetzt reiten?"

*Melissa vollführte einen Bocksprung und der
überhebliche Thomas landete im Gras*

Keiner von ihnen hatte Lust dazu. Wir vom Ponyklub lächelten. Elisabeth zog ein Stück Zucker aus der Tasche und gab es Melissa, und ich nahm ihr die Trense und den Sattel wieder ab und ließ sie frei.

Thomas sagte scheu zu mir: „Du, ich nehme alles zurück – ich meine, daß es nicht leicht ist, zu reiten."

Ich fand das so nett von ihm, daß ich ihn beinahe umarmt hätte. Die anderen Jungen gaben Thomas recht, und plötzlich war es, als würden wir einander schon jahrelang kennen. Wir verbrachten zusammen einen richtig netten Nachmittag und stellten uns gegenseitig eine Menge Fragen über Pferde, Fußball und den Reitsport. Am Abend verabschiedeten wir uns voneinander und verabredeten uns gleich für den nächsten Tag.

Wir bauen eine Springbahn

Am folgenden Vormittag reinigten wir bei Lenas Großeltern den Hühnerstall. Es war eine schmutzige Arbeit, denn Hühner sind offenbar keine sehr reinlichen Tiere. Als wir es geschafft hatten, gingen wir zum See, badeten und beschlossen, nach dem Mittagessen Dressur zu reiten.

Wir sattelten gerade unsere Pferde, als die Jungen auftauchten und uns zur Wiese neben der Koppel begleiteten. Schon vorher hatten wir Elisabeth dazu bestimmt, die heutige Dressurlektion abzuhalten, denn sie sieht jeden Fehler und ist selbst eine vorzügliche Reiterin. Die Anwesenheit der Jungen störte sie überhaupt nicht, denn ihre Befehle kamen ohne Zögern, und ihre Stimme war ruhig wie immer.

„Mehr Schenkelarbeit auf Primus!"
„Halbe Wendung!"
„Gerade sitzen, Kiki!"
„Schlangenlinie durch die Bahn!"
„Laß Filur nicht einschlafen!"

„Volte – Marsch!"

„Abteilung – Halt!"

Als wir abgesattelt hatten, setzten wir uns zu den Jungen ins Gras, um Atem zu holen.

„Springt ihr auch manchmal über Hindernisse?" erkundigte sich Thomas.

„Freilich", erwiderte Anita, „aber hier haben wir keine."

„Ist es nicht ziemlich einfach, welche aufzubauen?" fragte Max, dessen Familie neben Lenas Großeltern wohnte.

„Wir wollten es versuchen", erwiderte ich. „Aber Arbeit macht es schon, und wahrscheinlich dauert es zu lange."

„Wir könnten euch helfen", schlug Henrik vor.

„Au, das wäre prima!" riefen wir.

„Aber wir müßten gleich damit anfangen", meinte Fredrik, „denn in ein paar Tagen fahren wir wieder weg. Wir sind nur zu Besuch bei Max."

Wir gingen gemeinsam zu Lenas Großvater, der uns sofort das Bauen einer Springbahn erlaubte, und zwar auf der gleichen Wiese, die wir zum Dressurreiten benutzt hatten.

„Ich kann mit meinem Traktor ein paar alte Regentonnen hinaufbringen", sagte er. „Und einen Stapel alte Bretter."

Max versprach, Zaunpfähle, Hammer und Nägel zu organisieren. Dann machten wir uns sofort an die Arbeit. Den Rest dieses Tages und den ganzen nächsten Tag verbrachten wir damit, Hindernisse aufzubauen. Karin malte die Tonnen an, wir übrigen nagelten im Verein mit den Jungen Kisten zusammen, sägten Bretter zurecht und holten Büsche, die wir zu Hecken aufstellten.

„Wenn die Bahn heute fertig wird", sagte Elisabeth beim Mittagessen, „könnten wir morgen ein Probespringen und übermorgen ein Springturnier veranstalten."

„Wollen wir nicht vorher noch ein bißchen trainieren?" fragte ich.

„Die Jungen reisen in drei Tagen ab", erwiderte Elisabeth, „und es wäre doch schön, wenn sie beim Springturnier zusehen könnten. Sie helfen uns schließlich, die Bahn aufzubauen."

„Und außerdem ist's prima, wenn man bei einem Wettkampf Zuschauer hat", fügte Karin hinzu.

„Schon gut", sagte ich. „Halten wir also übermorgen unser Springturnier ab – wenn es nicht in Strömen regnet."

„Du bist eine richtige Unke", erwiderte Ingrid. „Warum soll's gerade übermorgen regnen?"

„Warum nicht?" fragte ich lachend zurück.

Gegen zwei Uhr erschienen die Jungen wieder. „Los, jetzt stellen wir so einen Oxer auf, oder wie das Ding heißt", sagte Henrik und krempelte seine Hemdsärmel auf.

Ich nickte.

Es dauerte länger, als wir geglaubt hatten; erst gegen sechs Uhr abends waren wir fertig. Doch dafür hatten wir auch ganze Arbeit geleistet.

„Ich traue meinen Augen kaum!" sagte Anita. „Das sieht ja wie eine richtige Springbahn in einer Reitschule aus!"

Wir unterhielten uns noch eine Weile mit den Jungen. Kurz nach acht Uhr verabschiedeten wir uns von ihnen und gingen zum Bauernhof zurück. Nach einer Katzenwäsche krochen wir in unsere Schlafsäcke und schliefen sehr schnell ein.

Als wir am nächsten Morgen erwachten, war es schwül. Die Sonne brannte bereits sengend vom Himmel. Wegen der Hitze beschlossen wir, mit dem Übungsspringen bis zum Abend zu warten.

„Und was tun wir statt dessen?" fragte Marianne.

„Wir waschen die Pferde", schlug ich vor.

„Ja, aber ich habe mein Pferdeshampoo vergessen!" rief Karin erschrocken. Wir sahen sie verdutzt an und stellten fest, daß sie nicht die einzige war – keine von uns hatte daran gedacht, es mitzunehmen.

„Pah, wir benutzen einfach unser eigenes Haarshampoo", sagte Anita schließlich. „Wenn wir neues brauchen, können wir im Dorf jederzeit Nachschub kaufen."

Wir holten Wasser aus dem Brunnen und füllten alle Eimer und Schüsseln, die wir hatten. Als wir sie zur Weide trugen, kamen Thomas und Max angeschlendert.

„Habt ihr die Bahn schon eingeweiht?" fragten sie.

„Nein, das tun wir erst abends, wenn's nicht mehr so heiß ist", sagte Elisabeth.

„Aber warum schleppt ihr all die Eimer und Schüsseln durch die Gegend?"

„Wir wollen unsere Pferde waschen."

„Weshalb führt ihr sie nicht zum See hinunter und laßt sie baden?" sagte Thomas mit überlegenem Grinsen.

Wir lachten ihn aus und begannen mit der Säuberungsaktion. Erst machten wir die Ponys gründlich naß. Melissa fand das nicht sonderlich angenehm und versuchte zu entwischen. Doch Thomas half mir, sie festzuhalten. Er schien nun überhaupt keine Angst mehr vor Melissa zu haben. Das freute mich, und ich sagte es ihm auch. Da lächelte er scheu, machte ein verlegenes Gesicht, räusperte sich und murmelte: „Wir wollen später ein bißchen Fußball spielen – hast du Lust, zuzusehen?"

Natürlich hatte ich das. Auch meine Freundinnen wollten mitkommen. Doch zuerst mußten unsere Pferde versorgt werden. Wir rieben sie mit unseren Haarwaschmitteln ein. Das fand Melissa offenbar schön, denn sie stand die ganze Zeit mucksmäuschenstill, während ich den Schaum einmassierte. Es dauerte ziemlich lange, ihn wieder auszuwaschen. Nicht der kleinste Rest Shampoo darf im Fell zurückbleiben, sonst könnte das Pferd Juckreiz bekommen.

Wir mußten wieder ganze Wassermassen herbeischaffen und waren froh, daß Thomas und Max uns dabei halfen. Anschließend führten wir unsere Ponys noch auf und ab, bis sie trocken waren. Sie dufteten nach Kamillen-, Ei- und Zitronenshampoo und glänzten vor Sauberkeit.

Nachdem wir die Pferde wieder auf die Koppel gebracht hatten, schmierten wir uns eine Unmenge belegter Brote und schlangen sie hastig in uns hinein. Dann gingen wir mit Max und Thomas zur Wiese hinter dem Birkenwäldchen, wo die beiden bereits von ihren Freunden erwartet wurden.

Natürlich verstanden wir nicht viel von den Feinheiten des Spiels, doch es machte trotzdem Spaß, zu beobachten, wie die Jungen hin und her rannten und mit der Zeit knallrot und verschwitzt wurden. Sie riefen einander allerlei seltsame Befehle zu.

„Schieß doch!"

„Abseitstor!"

„Dribble nicht soviel!"

„In die Gasse spielen!"

Manchmal rempelten sie sich gegenseitig an, so daß sie auf dem Hosenboden landeten, doch böse wurden sie dabei nicht. Alle waren mit der gleichen Begeisterung bei der Sache, und wir bewunderten ihre Wendigkeit und Reaktionsfähigkeit.

Als das Spiel zu Ende war, setzten sie sich keuchend und erschöpft neben uns ins Gras und erklärten, daß sie keine Torhüter hätten, weil sie zu wenige Spieler seien. Ansonsten würden sie sich an alle Fußballregeln halten. Thomas versuchte mir klarzumachen, was es mit Freistoß, Strafstoß, Eckstoß und dergleichen auf sich hat. Ich hörte aufmerksam zu, begriff aber trotzdem nicht alles. Doch es klang interessant – zumindest wie Thomas es beschrieb.

Großes Schneider-Buch-Preisrätsel!

400 Bücher zu gewinnen!

Lieber Schneider-Buch-Leser!
Schicke mir diese Karte mit der richtigen Lösung und du nimmst an der nächsten monatlichen Verlosung teil. 400 Schneider-Bücher werden jeden Monat verlost!

Es werden nur ausreichend frankierte Rätselkarten angenommen. Benachrichtigt werden nur die Gewinner. Der Rechtsweg ist ausgeschlossen. Die Beteiligung ist nicht an den Kauf eines Schneider-Buches gebunden. Du bekommst die Karten auch lose in deinem Buchgeschäft.

Viel Spaß und herzliche Grüße
Dein

Onkel Franz

FRANZ SCHNEIDER VERLAG

Postkarte

Onkel Franz
von den Schneider-Büchern

Postfach
8000 München 46

Postkarten-Porto

Schneider-Buch — **Preisrätsel**

400 Bücher zu gewinnen!

✂ -----

Hier abtrennen 275/Als Geschmacksmuster geschützt.

Name: _____

Straße: _____

Postleitzahl: _____ Ort: _____

Achtung:

Absender nicht vergessen!
Nur mit Schreibmaschine
oder mit Kugelschreiber in
Blockbuchstaben ausfüllen!

Ich bin _____ Jahre alt.
Ich bin ☐ ein Junge
Ich bin ☐ ein Mädchen

Welcher Titel gehört zu dem hier abgebildeten Titelbild?

Den richtigen Titel bitte ankreuzen.

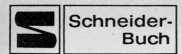

☐ Ivan Steiger
Die schönsten Träume träumt Nicole

☐ Margot Potthoff
Schabernack mit zwei Gespenstern

☐ M.L. Fischer
Hilf mir, liebes Hausgespenst!

☐ Edda Bars
Das Geheimnis der verfallenen Berghütte

Wir verabredeten uns für sieben Uhr abends an der Springbahn; dann trennten wir uns. Im Bauernhof brieten wir Eier mit Speck, aßen sie mit großem Appetit und sahen anschließend unsere Reitausrüstung durch. Eine Viertelstunde vor der festgesetzten Zeit nahmen wir unsere Sättel und gingen zu den Pferden auf die Koppel.

Die Luft war nun etwas kühler, und unsere Ponys wirkten frisch und munter. Wir sattelten sie und ritten langsam zur Springbahn.

Die Jungen waren bereits eingetroffen; sie saßen im Gras und riefen uns schon von weitem entgegen: „Los jetzt! Wir möchten euch springen sehen!"

„Immer mit der Ruhe", sagte ich. „Wir müssen den Pferden die Hindernisse erst einmal zeigen."

„Wer soll anfangen?" fragte Elisabeth, nachdem wir uns alle hinter der Startlinie aufgestellt hatten.

„Ich nicht", erklärte Anita sofort.

„Ich auch nicht", versicherten Ingrid und ich gleichzeitig.

„Sollen wir losen, wer als erste springt?" fragte Elisabeth.

„Nein, das ist nicht nötig", sagte Karin. „Ich fange an."

Munter ist ein gutes Springpferd. Leider macht er manchmal Schwierigkeiten beim Anreiten. So war es auch diesmal. Er tänzelte immer wieder zur Seite und warf den Kopf zurück. Doch Karin schaffte es, ihn zu beruhigen – und nun machte es richtiges Vergnügen, ihm zuzusehen!

Munter flog nur so über die Hindernisse, die in großen Abständen aufgestellt waren. Er arbeitete wunderbar und sprang bis auf eine Verweigerung bei den Tonnen fehlerfrei. Karin selbst hatte die Tonnen mit riesigen Punkten bemalt. Vermutlich erschreckten ihn die Farbkleckse.

Dann wollte Anita springen, denn Filur wurde vom Warten immer unruhiger. Die beiden starteten in raschem Tempo und nahmen ein Hindernis nach dem anderen

*Hoffentlich hat sich Anita nicht verletzt,
dachten wir entsetzt und sprangen zu ihr*

flüssig und geschmeidig, bis sie an einen ziemlich hohen Zaun kamen. Dort sprang Filur zu früh ab – und stieß direkt gegen den Zaun!

Wir sahen, wie er stürzte; doch ehe wir uns von unserem Schrecken erholt hatten, richtete er sich wieder auf. Wir warteten darauf, daß auch Anita sich rasch wieder aufrappeln würde.

Doch sie blieb unbeweglich im Gras liegen. Was war passiert?

Alles hängt vom Wetter ab

Wir sprangen von unseren Pferden und liefen zu Anita, gefolgt von den Jungen. Ich dachte, sie wäre ohnmächtig, doch als wir sie erreicht hatten, sahen wir, daß sie bei Bewußtsein war. Ihr Gesicht wirkte kreidebleich. Sie hatte Tränen in den Augen.

„Gott sei Dank, daß du noch lebst!" sagte Ingrid.

„Was ist los mit dir?" fragte ich und beugte mich über sie.

Sie schluckte ein paarmal krampfhaft, ehe sie antwortete: „Ich bin so furchtbar erschrocken, als Filur stürzte, daß ich wie gelähmt war. Doch gleichzeitig war ich auch wütend, weil wir den Sprung nicht geschafft haben."

Sie zitterte am ganzen Körper, und wir umarmten und trösteten sie.

„Hast du dich verletzt?" fragte ich.

„Tut's irgendwo weh?" wollte Marianne wissen.

Anita setzte sich auf und bewegte vorsichtig Arme und Beine. „Ich bin in Ordnung, nur mein Kopf schmerzt."

„Wie gut, daß du deine Reitkappe aufgesetzt hat", meinte Elisabeth. „Sonst hättest du dir vielleicht eine Gehirnerschütterung geholt."

„Kannst du aufstehen?" fragte Lena.

„Ja, ich glaube." Anita erhob sich langsam und holte tief Luft.

„Dein Sturz sah richtig schlimm aus", erklärte Fredrik. „Mir kommt es vor, als ob es nicht nur schwierig, sondern auch gefährlich ist, über ein Hindernis zu springen."

„Schwierig ist es schon, aber nicht besonders gefährlich", erwiderte ich. „Jedenfalls ist das Reiten nicht gefährlicher als irgendein anderer Sport."

„Wo ist Filur?" rief Anita plötzlich.

„Keine Angst, dort drüben ist er", erwiderten wir und deuteten zum Ende der Bahn, wo Filur im Verein mit den anderen Pferden graste, als sei überhaupt nichts geschehen.

Während Max und Thomas das Hindernis wieder aufstellten, das Filur umgerissen hatte, setzte sich Anita ins Gras, denn sie fühlte sich noch immer etwas schwindlig. Wir anderen holten unsere Ponys, und Elisabeth fragte: „Wer kommt jetzt?"

Nach kurzem Zögern nickte ich und sagte: „Ich will's versuchen."

Ich war ein bißchen nervös, tröstete mich jedoch damit, daß Melissa nicht so unberechenbar ist wie Munter. Das erste Hindernis nahmen wir leicht und elegant; ebenso das zweite. Jetzt entspannte ich mich – aber wohl etwas zu sehr. Denn als wir das nächste Hindernis anritten, drängte ich Melissa nicht genügend vorwärts. Sie blieb plötzlich wie angewurzelt stehen, daß ich es nur mit größter Mühe schaffte, mich im Sattel zu halten. Ich holte tief Luft, ritt eine Volte und steuerte dann wieder auf den Oxer zu. Diesmal ging es gut.

Nachdem auch Marianne auf Primus, Elisabeth auf Figaro, Lena auf Charlie und Ingrid auf Star Dust gesprungen waren, ohne daß weitere Zwischenfälle oder Stürze vorkamen, erhob sich Anita, rückte ihre Reitkappe gerade und schwang sich auf Filurs Rücken.

„Diesmal schaffen wir's", sagte sie entschlossen. „Haltet mir die Daumen."

Und dann begann sie zu springen.

„Hoffentlich ist Filur vom Sturz nicht so erschrocken, daß er jetzt die Hindernisse verweigert", sagte Karin mit leiser Stimme.

„Er wirkt nicht nervös", erwiderte ich.

„Genauso wichtig ist es, daß Anita nicht aufgeregt oder ängstlich ist", warf Elisabeth ein.

Anita nahm das erste Hindernis ohne Schwierigkeiten, ebenso das zweite.

„Diesmal schafft sie es spielend", meinte Ingrid.

In diesem Augenblick schlug Filur mit dem Hinterfuß gegen einen Balken, hielt jedoch das Gleichgewicht und trabte zum nächsten Hindernis weiter. Auch dieses überwand er gut.

„Jetzt kommt der Zaun", sagte Elisabeth.

Ich wagte vor Aufregung nicht hinzuschauen, schloß die Augen und spitzte die Ohren. Plötzlich hörte ich Jubelrufe und Beifallsklatschen. Sie hatte es geschafft! Rasch öffnete ich die Augen und sah, daß Anita uns zuwinkte.

„Das hast du gut gemacht!" sagten wir, als sie zurückkam. „Warst du nicht nervös?"

„Doch, ein bißchen schon, aber ich wußte, daß ich es schaffen mußte, um den Glauben an mich selbst und an Filur nicht zu verlieren", erklärte sie und lachte glücklich.

„Tut dein Kopf noch weh?"

„Lange nicht mehr so sehr wie vorher!"

Die Jungen kamen herbeigeschlendert, und Thomas rief: „Wann fangt ihr morgen mit dem Springturnier an?"

„Das hängt vom Wetter ab", sagte ich. „Wenn's bewölkt ist, beginnen wir früh."

„Kiki ist eine richtige Unke", erklärte Karin. „Sie denkt immer, daß es Regen, Gewitter oder Sturm gibt, wenn wir Reitausflüge oder Wettkämpfe planen."

„Heute ist jedenfalls kein Wölkchen am Himmel", sagte Ingrid. „Und bestimmt wird's morgen genauso schön."

„Dann fangen wir um sieben mit dem Springturnier an", entschied Elisabeth.

„Um sieben Uhr morgens?" fragte Max verblüfft.

„Nein, abends natürlich!"

„Aber wenn's regnet", begann ich, „dann ..."

„Hilfe!" stöhnten meine Freundinnen. „Jetzt fängt sie schon wieder damit an."

„Aber das Wetter ist beim Springreiten wichtig", verteidigte ich mich.

„Warum denn?" fragte Henrik. „Die Hindernisse sind doch immer dieselben, ob die Sonne scheint oder nicht."

„Die Hindernisse schon", erwiderte ich. „Aber wenn der

Boden naß ist, wird die Bahn rutschig, und das erschwert den Pferden das Springen."

„Welches Wetter ist dann am besten?" fragte Thomas.

„So wie heute", erwiderte Elisabeth.

„Dann springt ihr also morgen nicht, wenn es regnet?" wollte Henrik wissen.

„Wenn es zu sehr gießt, verschieben wir das Turnier."

„Das wäre schade", meinte Thomas. „Ich fahre nämlich übermorgen schon in aller Frühe von hier ab."

„Ich auch", fügte Henrik hinzu.

„Und ich ebenfalls", sagte Fredrik. „Es wäre wirklich schade, wenn wir den Wettkampf versäumen würden."

„Dann muß es morgen einfach schön werden!" rief ich.

„Wir fragen mal meinen Großvater", schlug Lena vor.

So schlenderten wir gemeinsam zum Bauernhof. Glücklicherweise hatten Lenas Großeltern kurz zuvor den Wetterbericht im Radio gehört. „Es soll weiterhin sonnig und warm bleiben", berichteten sie.

„Na prima!" rief Karin. „Jetzt ist hoffentlich sogar Kiki beruhigt."

Ich brummte, daß man sich auf das Wetter im allgemeinen und Wettervorhersagen im besonderen nie verlassen könne, doch niemand hörte auf mich.

„Wir beginnen also morgen um Punkt sieben Uhr mit dem Springturnier", verkündete Elisabeth.

„Habt ihr etwas dagegen, wenn wir auch kommen und zusehen?" fragten Lenas Großeltern.

„Nein, natürlich nicht – je mehr Zuschauer, desto besser!" versicherte Karin.

„Also gut, dann bis morgen."

Die Jungen begleiteten uns noch ein Stück, und an der Springbahn verabschiedeten wir uns voneinander.

„Vergiß die Stoppuhr nicht!" erinnerten wir Fredrik.

„Bestimmt nicht. Soll ich auch Papier und Bleistift mitbringen, damit wir die Ergebnisse aufschreiben können?"

„Ja, das wäre nicht schlecht", sagten wir.

„Also gut. Tschüs, und schlaft gut."

„Tschüs, bis morgen!" riefen wir.

Wir ritten zur Koppel und ließen die Pferde frei. Dann trugen wir unsere Reitausrüstung in den kleinen Stall, gingen ins Haus und aßen Wiener Würstchen.

Plötzlich rief Ingrid mit vollem Mund: „He, wir haben etwas vergessen!"

„Was denn?"

„Die Preise natürlich!"

„Ach, das ist doch nicht so wichtig", meinte Elisabeth.

„Aber schön wär's doch, wenn wir einen ersten, zweiten und dritten Preis hätten", entgegnete ich.

„Ja, schon", bestätigte Karin. „Aber was sollen wir tun?"

„Nichts. Morgen ist Sonntag, da haben die Läden zu."

„Also gut, dann lassen wir's eben", sagte Ingrid. „Nächstes Mal vergessen wir es bestimmt nicht wieder. Und jetzt schlage ich vor, daß wir uns aufs Ohr legen, damit wir morgen ausgeruht sind. Gute Nacht allerseits!"

Ein Springturnier mit Abschiedsfest

Am nächsten Tag verging die Zeit im Schneckentempo, obwohl wir allerhand unternahmen, um uns abzulenken: Wir badeten im See, sahen unsere Reitausrüstung durch und gingen spazieren. Ich kann nicht behaupten, daß ich die Ruhe in Person gewesen wäre. Mir kam es vor, als hätte ich ein Dutzend Hummeln im Hintern.

Gegen fünf Uhr gingen wir zu den Pferden auf die Koppel und ritten eine Weile in gemächlichem Tempo, um ihre Muskeln locker und geschmeidig zu machen. Dann bürsteten wir ihr Fell und kratzten ihnen die Hufe aus.

Endlich war es halb sieben, und wir machten uns auf den Weg zur Springbahn, wo die Jungen sich bereits versammelt hatten. Außerdem waren Lenas Großeltern gekommen, und Max hatte seinen Vater mitgebracht.

Lenas Großvater erbot sich, Starter und Schiedsrichter zu spielen. Fredrik wollte die Zeiten notieren, falls es zu einem Stechen kam, und Thomas führte das Protokoll.

Wir losten die Startordnung aus: Marianne sollte als erste antreten, anschließend ich und dann Karin. Nummer vier wurde Anita, an fünfter Stelle kam Elisabeth, Startnummer sechs hatte Ingrid, und als letzte sollte Lena starten.

Dann konnte das Springturnier beginnen.

Marianne ritt auf Primus vor, vollführte an der Startlinie eine Volte und bekam das Signal zum Start.

Primus trabte munter und vergnügt auf das erste Hindernis zu; es war eine Hecke mit Querbalken. Er überwand es mühelos. Das zweite Hindernis war eine Tonne. Primus schlug mit dem Hinterhuf dagegen, doch da sich die Tonne nicht umwerfen ließ, bekam Marianne keinen Minuspunkt. Anschließend aber riß Primus eine Latte herunter. Dadurch erhielten Pferd und Reiterin vier Fehlerpunkte. Alle anderen Hindernisse schafften sie fehlerfrei.

Nun war ich an der Reihe. Eigentlich starte ich nicht gern unter den ersten drei; wenn man eine höhere Startnummer hat, kann man aus den Fehlern der anderen lernen und bei den Hindernissen, die schwierig zu sein scheinen, besonders aufpassen. Doch da ich nun einmal bei der Auslosung den zweitkürzesten Strohhalm gezogen hatte, mußte ich in den sauren Apfel beißen.

Meine Beine waren seltsam weich, als das Startsignal erklang, und offenbar erging es Melissa ähnlich, denn sie zeigte keinerlei Begeisterung. Ich mußte sie mit einem Klatscher auf den Hals antreiben. Über das erste Hindernis kamen wir nur mit Hängen und Würgen. Bei der Tonne ging es besser, doch den Oxer schien Melissa verweigern zu wollen. Sie blieb stehen – aber gerade als ich zurückreiten und es noch einmal versuchen wollte, sprang sie! Natürlich war ich überhaupt nicht darauf vorbereitet, so daß der Sprung nicht besonders elegant ausfiel. Beim vierten Hindernis ging es schon besser. Wir ritten etwas schräg darauf zu, denn ich nahm die Wendung davor ziemlich knapp.

Kiki schwitzte: Wird Melissa das letzte Hindernis verweigern?

Wieder merkte ich, daß Melissa drauf und dran war, zu verweigern. Doch im letzten Augenblick entschloß sie sich, zu springen – und schaffte es, ohne das Hindernis zu reißen, obwohl sie es mit dem linken Hinterfuß streifte.

Auf die drei letzten Hindernisse konzentrierte ich mich besonders stark. Auch Melissa war plötzlich in Hochform, und wir kamen ohne einen Fehler ins Ziel!

Die Zuschauer klatschten Beifall. Ich streichelte Melissa liebevoll und spürte, wie meine Anspannung langsam einer freudigen Erregung wich. Das war ja viel besser gegangen, als ich zu hoffen gewagt hatte!

Ich sprang vom Pferd und ging zum Zaun, um Karin zuzusehen, die gerade startete. Munter sprang großartig. Und Karin zeigte, daß sie von uns allen die beste Springreiterin ist: Sie ritt kurze, gut ausgewogene Wendungen zwischen den Hindernissen und sprang ausgesprochen elegant. Vom Start bis zum Ziel ging alles perfekt, und natürlich schaffte sie es ebenfalls fehlerfrei.

Als vierte startete Anita auf Filur. Diesmal stürzten die beiden nicht, doch noch immer schien der Zaun ein Unglückshindernis für Reiterin und Pferd zu sein. Denn Filur verweigerte den Sprung, so daß Anita mit drei Fehlerpunkten durchs Ziel ging.

Elisabeth auf Figaro ritt ruhig und vernünftig wie immer. Zwar nicht besonders schnell, doch die Sprünge waren sauber und flüssig. Fehlerpunkte hatte sie nicht.

Nun waren drei von uns fehlerfrei geritten. Ob es dabei bleiben würde?

Ingrid, die als nächste startete, ritt schnell, vielleicht etwas zu rasch, denn Star Dust riß mit dem Hinterbein zwei Balken. Thomas notierte acht Fehler.

Die letzte war Lena auf Charlie. Entschlossen näherten sie sich dem ersten Hindernis und überwanden es leicht, doch bei der Tonne verweigerte Charlie. Anschließend riß er noch zwei Stangen, so daß Lena mit insgesamt elf Fehlern an letzter Stelle lag.

Zwischen Karin, Elisabeth und mir sollte es nun einen zweiten Wettkampf geben, ein sogenanntes Stechen. Diesmal würde auch unser Tempo entscheidend sein. Ehe wir erneut antraten, machten wir eine kurze Pause und setzten uns zu den Jungen ins Gras.

„Die Vergabe von Fehlerpunkten kommt mir komisch vor", sagte Thomas. „Wieso gibt es vier Minuspunkte, wenn einer der Balken herunterfällt?"

„Das ist so", erklärte ich. „Man bekommt vier Fehlerpunkte, wenn das Pferd eine Stange oder einen Balken niederreißt, aber auch, falls man abgeworfen wird oder das Pferd stürzt. Verweigert das Pferd ein Hindernis, bekommt man drei, bei einer zweiten Verweigerung sechs Minuspunkte. Und wenn das Pferd ein drittes Mal verweigert, wird man vom Wettkampf ausgeschlossen."

„Und wenn man die Hindernisse in der falschen Reihenfolge nimmt, bedeutet das ebenfalls Ausschluß", fügte Karin hinzu.

„Derjenige, der die wenigsten Minuspunkte hat, ist also Sieger?" fragte Fredrik.

„Ja."

„Und ihr drei müßt jetzt ein zweites Mal springen, weil ihr fehlerfrei geritten seid?"

„Ja, genau. Diesmal mußt du also auch unsere Zeit stoppen. Falls wir nämlich wieder alle drei fehlerfrei springen, gewinnt diejenige, die am schnellsten war", sagte Elisabeth.

Wieder losten wir aus, wer als erste starten sollte. Diesmal traf es ausgerechnet mich. Ich holte tief Luft, ging zu Melissa und schwang mich in den Sattel. Seltsamerweise war ich überhaupt nicht nervös. Das erste Hindernis nahmen wir spielend, das zweite ebenfalls. Doch dann ritten wir eine zu große Wendung und verloren eine Menge Zeit. Die Tonne aber schafften wir einwandfrei; so hatte ich noch immer keinen Minuspunkt. Jetzt galt es, Ruhe zu bewahren. Leider vergeudeten wir bei einer weiteren Wendung kostbare Zeit, da ich es nicht wagte, sie zu knapp auszuführen, um nicht schräg auf den Zaun zuzureiten. Sonst wäre ich das Risiko eingegangen, daß Melissa vielleicht das Hindernis verweigert. Mein Pony sprang aber kraftvoll über das Hindernis, und das Rick schafften wir in weitem Sprung. Ich war also fehlerfrei geritten und freute mich so, daß ich am liebsten laut gejubelt hätte. Doch wie lange hatte ich gebraucht?

„32 Sekunden für Kiki auf Melissa!" rief Fredrik.

Reichte das für einen Sieg? Ich glaubte es nicht. Sowohl Elisabeth als auch Karin würden sicher schneller reiten. Doch was machte es schon, wenn ich nicht gewann. Ich war glücklich darüber, daß ich zweimal fehlerfrei gesprungen war.

Nun startete Elisabeth, und Figaro überwand das erste Hindernis rasch und sicher. Doch dann ritten sie eine viel zu weite Wendung, und plötzlich schien Figaro seine Energie verloren zu haben. Er sprang sicher, aber es ging ziemlich langsam. Elisabeth versuchte vergebens, ihr Pferd anzutreiben. Es reagierte nicht, sondern hielt seinen eigenen Takt.

„34,5 Sekunden für Elisabeth auf Figaro!" verkündete Fredrik.

Ich lag also nach wie vor an erster Stelle!

Elisabeth gesellte sich zu mir und gratulierte mir. Gemeinsam beobachteten wir, wie Karin in raschem Tempo startete und sowohl den Oxer als auch die Hecke, die Tonne und den Zaun in elegantem Sprung nahm. Beim Rick schwankte die Latte gefährlich; zum Glück fiel sie jedoch nicht. Karin merkte nun, daß sie vielleicht etwas zu schnell war, und verringerte ihr Tempo. Die Kunst, knappe Wendungen zu vollführen, brachte ihr allerdings kostbare Sekunden ein. Sie ritt fehlerfrei durchs Ziel und schaffte natürlich auch die beste Zeit.

28,6 Sekunden für Karin auf Munter!" rief Fredrik.

Alle klatschten Beifall, und wir umringten Karin und beglückwünschten sie. Sie hatte den Sieg wirklich verdient, denn sie ist zweifellos die beste Springreiterin von uns allen. Das hatte sie in diesem Wettkampf wieder einmal bewiesen!

Erst jetzt erfuhren wir, daß Lenas Großeltern eine Überraschung für uns vorbereitet hatten: Ein Grillfest in ihrem Garten, zu dem auch die Jungen eingeladen waren! Wir brachten unsere Pferde auf die Koppel und liefen zum Bauernhof zurück, wo Thomas und seine Freunde bereits Schaschlik und Würstchen grillten. Es gab Saft und Limonade im Überfluß. Als die Dunkelheit hereinbrach, schalteten wir das Transistorradio ein und tanzten auf dem Rasen. Es wurde ein wunderschöner Abend, obwohl uns der Gedanke ein wenig traurig machte, daß es eigentlich auch eine Art Abschiedsfest war.

„Kommt ihr im nächsten Sommer wieder?" fragte mich Thomas gegen Mitternacht.

„Ich weiß noch nicht", erwiderte ich. „Besuchst du Max denn auch in den nächsten Ferien?"

„Ja und es wäre wirklich prima, wenn wir uns wiedersehen könnten."

„Ich will mit Lena reden, vielleicht laden uns ihre Großeltern noch einmal ein", sagte ich.

„Könntest du mir dann Reitunterricht geben?"

„Ja, vielleicht."

„Hoffentlich sehen wir uns wieder", sagte er leise und nahm meine Hand.

„Das hoffe ich auch."

Und dann standen wir lange Zeit schweigend da und hielten uns an der Hand.

„Komm jetzt, Thomas!" rief Fredrik. „Wir müssen nach Hause!"

„Tschüs, Kiki", murmelte Thomas. „Bis zum nächsten Sommer."

„Tschüs, Thomas", sagte ich.

Die Jungen verschwanden, und wir gingen langsam zum Bauernhof zurück. Die Sterne leuchteten am Himmel, die Nacht war windstill und mild.

„War das ein herrlicher Tag!" seufzte Lena schließlich.

Wir lagen noch lange wach und unterhielten uns leise. Die ersten Vögel begannen schon zu singen, als wir endlich einschliefen.

Hannibal, das Geisterpferd

Natürlich waren wir am Morgen nicht gerade übermäßig munter und ausgeschlafen. So verbrachten wir einen richtigen Faulenzertag mit Schwimmen, Sonnen und Schlafen.

„Dafür machen wir morgen einen Ausflug", schlug Anita vor.

Wir ritten tatsächlich am nächsten Tag nach einem üppigen Frühstück los. Proviant nahmen wir nicht mit, da wir nur ein paar Stunden wegbleiben wollten. Melissa war recht ungeduldig und wollte möglichst rasch vorwärtskommen. Doch ich mußte sie zügeln, um Figaro nicht zu stören, der vor uns den Waldpfad entlangtrabte. Marianne schaffte es nicht, Primus zurückzuhalten, der wie ein Pfeil davonschoß, gefolgt von Star Dust.

„Laß sie nur", sagte Elisabeth zu mir. „Wir holen sie später wieder ein."

Und wirklich, nach einer Wegbiegung trafen wir Marianne und Ingrid. Sie hatten auf einer Lichtung haltgemacht und warteten auf uns. Die beiden sahen ein bißchen müde aus, und ihre Pferde wirkten ziemlich ausgepumpt.

„Warum haben wir nur keinen Saft mitgenommen?" seufzte Marianne. „Meine Kehle ist ganz ausgedörrt."

„Die Pferde sind bestimmt auch durstig", sagte ich. „Sollen wir tiefer in den Wald reiten und nach einem Bach oder See suchen?"

„Nein, keiner von uns kennt sich hier aus; wir könnten uns zu leicht verirren", wandte Lena ein. „Am besten reiten wir den Pfad weiter entlang. Vielleicht finden wir irgendwo ein Bauernhaus, wo wir Wasser bekommen."

„Aber was machen wir, wenn der Pfad noch kilometerlang weiterführt und schließlich in einer Wiese endet?" fragte Anita.

„Fast alle Wege führen zu einem Haus", sagte Elisabeth.

„Wir könnten ja auch umkehren und nach Hause zurückreiten", schlug ich vor.

„Ach was, wir reiten weiter – irgendwo werden wir schon landen", beharrte Lena.

„Aber wenn's zu öde und einsam wird, kehren wir um!" meinte Ingrid.

Wir ließen unsere Pferde selbst das Tempo bestimmen. Bald endete der Wald und machte Laubbäumen Platz, die in so dichten Reihen standen, daß es uns vorkam, als ritten wir durch eine Allee.

„Ich habe Durst!" rief Marianne über die Schulter.

„Nimm ein paar saftige Blätter und zerkaue sie!" schlug Lena lachend vor.

Nach einigen hundert Metern erreichten wir ein kleines Gehölz – und dahinter entdeckten wir plötzlich ein niedriges Gehöft, umgeben von einem Zaun. Die Fenster des Hauses standen offen, und aus dem Kamin drang Rauch.

„Hier bekommen wir sicher Wasser!" rief Karin erleichtert. Sie sprang vom Pferd, öffnete die Gartenpforte, ging auf das Häuschen zu und klopfte an die Tür.

Ein alter Mann öffnete ihr. Wir beobachteten, wie Karin mit ihm sprach und auf uns deutete. Der Alte nickte, und Karin gab uns durch einen Wink zu verstehen, daß wir kommen sollten.

Wir stiegen ab und führten unsere Pferde auf das Grundstück.

„Guten Morgen", sagten wir. „Entschuldigen Sie die Störung, aber unsere Pferde brauchen Wasser, und wir selbst sind auch sehr durstig."

Der Bauer nickte lächelnd. „Dort drüben ist ein Brunnen mit einer Wasserpumpe. Eimer findet ihr im Schuppen."

Als die Pferde getränkt waren, kamen wir an die Reihe. Ingrid und Marianne löschten ihren Durst als erste. Es war ein herrliches, klares Quellwasser, mit dem wir auch Gesicht und Hände erfrischten.

Wir wollten gerade fragen, ob wir uns eine Weile ins Gras legen dürften, um auszuruhen, da kam der alte Mann wieder aus dem Haus. Er trug einen Korb am Arm, stellte ihn vor uns hin und fragte: „Mögt ihr Rosinenbrot und Himbeersaft?"

Strahlend versicherten wir ihm, daß wir nichts lieber hätten.

„Dann bindet eure Pferde dort unten am Zaun an", sagte er. „Ich hole inzwischen noch ein paar Gläser."

Wenige Minuten später lagen wir im Gras, aßen Rosinenbrot und tranken Saft. Dabei unterhielten wir uns mit dem freundlichen Bauern über Pferde und Reitsport.

„Früher bin ich auch viel geritten", sagte er. „Aber das ist lange her, schon beinahe fünfzig Jahre. Damals war ich Kavallerist."

„Kavallerist? Ist das ein Soldat, der reitet?" fragte Anita.

„Genau das. Damals gab es viele Militärpferde; sie waren gut ausgebildet und wurden ordentlich gepflegt und gefüttert." Er schwieg eine Weile und erkundigte sich dann, woher wir kämen.

Lena erklärte ihm, daß wir unsere Ferien auf dem Bauernhof verbrachten, der zum Gut ihrer Großeltern gehörte. Da sah uns der alte Mann ernsthaft an und sagte: „Den Hof kenne ich schon. Er steht seit Hunderten von Jahren. Als ich ein Junge war, behaupteten die Leute, daß in den Wäldern rund um den Hof ein Geisterpferd umgehe."

„Ein Geisterpferd?" riefen wir wie aus einem Mund.

Er lächelte. „Ja, ein Geisterpferd, das Hannibal genannt wurde. Habt ihr noch nie davon gehört?"

„Kein Wort! Ach bitte, erzählen Sie uns von Hannibal!"

„Ich weiß nicht recht, ob es gut ist, wenn ich das tue", murmelte er.

Wir baten ihn jedoch so inständig, daß er sich nach einigem Überlegen räusperte und begann: „Nun ja, warum sollte ich euch die Geschichte von Hannibal eigentlich nicht erzählen? Aber vergeßt nicht, daß es im Grund nur eine unheimliche Sage ist. Ich selbst habe Hannibal nie gesehen, aber als ich in eurem Alter war, gab es Leute in unserer Gegend, die behaupteten, sie hätten beobachtet, wie er nachts in wildem Galopp durch den Wald stürmte."

*Hannibal war ein treuer Hengst und gab
das Letzte für seinen Herrn*

Das klang spannend. Wir setzten uns im Kreis um den alten Bauern und spitzten die Ohren.

„Hannibal", sagte er, „war ein Hengst, der vor mehr als dreihundert Jahren einem Offizier gehörte. Zu jener Zeit herrschte in Europa Krieg, in den viele Länder verwickelt waren. Auch dieser Offizier nahm an vielen Schlachten teil. Sein Pferd Hannibal war immer dabei; es soll genauso kühn und ausdauernd gewesen sein wie sein Herr. Der Offizier hatte in unserer Gegend einen Landsitz. Und als er einmal im Sommer auf Heimaturlaub hier war, rief man ihn plötzlich zu seinem ein paar Reitstunden entfernten Regiment zurück. Er sollte schnellstens dort sein. So sattelte er hastig sein Pferd und ritt los. Hannibal galoppierte, so schnell er konnte, doch er war nicht mehr sehr jung und konnte das Tempo nicht halten, das sein Herr von ihm verlangte. Der Offizier spornte sein Pferd rücksichtslos an, obwohl es immer deutlichere Zeichen von Erschöpfung zeigte. Hannibal war ein treuer Hengst und gab das Letzte für seinen Herrn. Doch schließlich verlor er vor Überanstrengung und Erschöpfung seinen Verstand, warf den Offizier ab, stürzte noch eine Weile in wildem Galopp vorwärts und brach plötzlich tot zusammen."

Der alte Bauer schwieg, und auch wir saßen lange Zeit schweigend da.

Endlich fragte Anita leise: „Ist Hannibal hier in der Gegend umgekommen?"

„Ja, ungefähr eine Meile von dem Bauernhof entfernt in dem ihr wohnt."

„Und warum nennt man Hannibal das Geisterpferd?" fragte ich.

„Weil er angeblich jedes Jahr ein paarmal durch die Wälder geistert. Es heißt, er könnte seinen furchtbaren Ritt nicht beenden und müßte auf ewig weitergaloppieren", erklärte der Bauer.

Mir lief ein kalter Schauer über den Rücken.

Karin räusperte sich und fragte nervös: „Von welcher Rasse war dieser Hannibal?"

„Er soll ein kräftiger grauer Hengst gewesen sein", erwiderte der Alte. „Hoffentlich habe ich euch mit meiner Geschichte nicht erschreckt."

„Ach was, natürlich nicht!" versicherten wir einig und gaben uns Mühe, gleichgültige Gesichter zu machen.

„Wie geistert Hannibal eigentlich?" wollte Elisabeth wissen.

„Der Sage nach rast er in wildem Galopp durch die Nacht. Er hat Schaum vor dem Maul, seine Zügel flattern, seine Augen leuchten rot, und aus seinen Nüstern dringt weißer Rauch. Er fletscht die Zähne zu einem furchtbaren Grinsen. So hat man's mir erzählt, als ich ein Kind war."

Minutenlang sagte keine von uns ein Wort; dann standen wir auf und bedankten uns für das Wasser, den Saft und das Rosinenbrot.

Als wir wieder auf dem Bauernhof waren und unsere Pferde absattelten, sagte Anita halblaut: „Warum dieser Hannibal wohl hier herumgespukt hat?"

„Vielleicht um gewisse Menschen daran zu erinnern, daß man ein Tier nicht quälen darf", sagte ich.

„Dann brauchen wir uns bestimmt nicht vor ihm zu fürchten", meinte Karin.

„Keiner braucht sich vor Hannibal zu fürchten", sagte Elisabeth mit Festigkeit. „Es gibt weder Gespenster noch Geisterpferde. Und jetzt reden wir von etwas anderem!"

Wir freuen uns aufs nächste Jahr

An diesem Abend saßen wir im Dunkeln zusammen und erzählten uns Spukgeschichten. Doch das hätten wir besser nicht tun sollen. Denn als ich gerade eingeschlafen war, wurde ich von einem eigenartigen Laut geweckt.

Zuerst klang es, als schlüge jemand auf eine Trommel. Dann aber merkte ich, daß es Hufgetrappel war. Das Geräusch kam immer näher!

Meine Freundinnen waren ebenfalls aufgewacht. Mit schlotternden Knien saßen wir in unseren Schlafsäcken und starrten in die Finsternis.

„Das ist sicher Hannibal", flüsterte Lena mit zitternder Stimme.

Damit sprach sie genau das aus, was ich auch dachte. Obwohl ich Angst hatte, empfand ich seltsamerweise auch eine gewisse Neugier.

„Wollen wir nicht ans Fenster gehen und nachsehen, ob es wirklich Hannibal ist?" fragte ich.

„Nein, du bist ja verrückt!" stöhnte Marianne. „Wenn das

Geisterpferd uns sieht, galoppiert es vielleicht geradewegs durch die Wand zu uns herein!"

Ich war nicht mutig genug, um allein zum Fenster zu schleichen und hinauszusehen. Also blieb ich sitzen und wartete, während der Hufschlag immer lauter wurde. Es knackte auch, als würden dürre Zweige zertreten; dazu hörte ich ein Prusten und Keuchen, als käme eine Lokomotive auf den Bauernhof zugebraust.

„Was keucht denn da so schrecklich?" wisperte Ingrid.

„Jetzt ist das Geisterpferd vor dem Haus!" rief Marianne hysterisch.

Wir warfen uns auf den Boden, und ich steckte meinen Kopf unter das Kissen. Mein Herz hämmerte laut. Wenn es nun wirklich Hannibal war, der herumgeisterte? Ein Geisterpferd konnte bestimmt auch durch Wände und Mauern galoppieren! Ich biß die Zähne zusammen und versuchte mich so klein wie möglich zu machen.

Jetzt kommt er, dachte ich. Gleich steht er mitten im Zimmer, starrt uns mit roten, weit aufgerissenen Augen und irrem Grinsen an!

Nach einer Weile merkte ich, daß ich nur noch das wilde Klopfen meines Herzens hörte. Ich richtete mich auf und sah mich um. Alle anderen saßen in ihren Schlafsäcken und starrten angstvoll zum Fenster.

Mehrere Minuten vergingen. Alles war still. Plötzlich flüsterte Lena: „Meint ihr, daß das Geisterpferd zurückkommt?"

Niemand antwortete ihr.

Ich sah auf die Uhr. Es war zwanzig Minuten nach zwei. Kälteschauer liefen mir über den Rücken. Ich wäre am liebsten in meinen Schlafsack gekrochen und hätte mich zusammengerollt wie ein Igel. Doch ich blieb stocksteif sitzen, genau wie die anderen.

„Ich habe so ein seltsames Stöhnen gehört, als Hannibal am Haus vorübergaloppierte", sagte Marianne. „Es klang, als ob jemand furchtbare Schmerzen leidet."

Ingrid klapperte mit den Zähnen. „Sag so was nicht! Ich sterbe vor Angst!"

Dann schwiegen wir wieder und warteten ...

Doch so lange wir krampfhaft die Augen offen hielten, die unheimlichen Laute wiederholten sich nicht.

Als es drei Uhr war, sagte ich: „Zum Teufel mit allen Gespenstern, jetzt will ich endlich schlafen!"

„Ich auch", erwiderte Karin. „Wir legen uns wieder hin, in der Morgendämmerung wagt sich bestimmt kein Geisterpferd mehr heraus!"

Ein paar Stunden später, als wir beim Frühstück saßen, erhielten wir die Erklärung für die seltsamen Vorkommnisse der vergangenen Nacht. Lenas Großvater erschien und erzählte, daß er gegen Mitternacht von einem Geräusch geweckt worden sei. Als er aus dem Fenster sah, hätte er zwei Elche bemerkt, die direkt auf sein Kornfeld zustampften.

„Elche können großen Schaden anrichten, wenn sie durchs Korn laufen", sagte er. „Deshalb schlüpfte ich in eine Jacke, lief aus dem Haus und jagte sie fort. Ich beobachtete, daß sie in eure Richtung liefen. Man sieht jetzt noch ihre Spuren im Wald – überall liegen Blätter und abgebrochene Zweige, und die Wiese hinter dem Haus ist an einigen Stellen niedergetreten."

„Elche? Und wir dachten, es wäre Hannibal, das Geisterpferd!" murmelte Lena.

„Wer?" fragte ihr Großvater verdutzt.

„Hannibal", sagten wir im Chor.

Er lachte. „Wer hat euch denn von dem erzählt?"

Wir berichteten von unserem gestrigen Ausflug und dem alten Mann, der auf einem einsamen Bauernhof lebte.

Lenas Großvater lachte wieder und sagte: „Ja, das sieht dem alten Martin ähnlich, euch so etwas zu erzählen! Die Sage von Hannibal ist mehrere hundert Jahre alt. Ich glaube nicht, daß irgendein Mensch dieses Pferd je gesehen hat. Die Geschichte ist von Anfang bis zum Schluß erfunden. Ihr hättet heute nacht nur aus dem Fenster zu sehen brauchen, um zu merken, daß ihr es nicht mit einem Geisterpferd, sondern mit zwei höchst lebendigen Elchen zu tun hattet!"

„Bei Tageslicht kann man leicht mutig sein", murmelte Lena. „Wenn's dunkel ist, sieht die Sache gleich ganz anders aus."

„Ja, vielleicht", erwiderte ihr Großvater schmunzelnd. „Aber ihr könnt euch darauf verlassen, daß es keine Geisterpferde gibt. Und jetzt geht auf die Koppel und kümmert euch um eure wirklichen Pferde!"

Das taten wir, und bald hatten wir Hannibal und alle Spukgeschichten vergessen.

Wir interessierten uns nur noch für Melissa, Star Dust, Munter, Charlie, Figaro, Filur und Primus.

Die letzten Tage auf dem Bauernhof vergingen wie im Flug. Wir ritten viel und hatten von früh bis spät eine Menge Spaß.

Am vorletzten Tag bauten wir die Hindernisse auf der Springbahn ab und begannen das Haus zu säubern.

Am Samstag morgen kam Herr Erik mit dem Transportwagen und holte zuerst Figaro, Filur und Primus ab. Als er wieder erschien, um die übrigen Pferde nach Aspen zu bringen, tauchten auch meine Eltern und Lenas Vater auf. Noch einmal bedankten wir uns herzlich bei Lenas Großeltern für die drei wunderbaren Wochen auf dem Bauernhof.

„Ihr könnt nächstes Jahr gern wiederkommen", sagten sie. „Es hat richtig gutgetan, einmal wieder junge Leute hier zu haben."

Wir stiegen in die beiden Autos, winkten Lenas Großeltern zum Abschied zu und beobachteten ein wenig traurig, wie der gemütliche kleine Bauernhof hinter einer Wegbiegung verschwand. Noch ahnten wir nicht, daß das nächste Abenteuer schon auf uns wartete. Doch davon erzähle ich im nächsten Buch vom Ponyklub!

Titel der schwedischen Originalausgabe:
PONNYGÄNGET I ÖDETORPET
© AB Rune Olausson, 1974
Rabén & Sjögren, Stockholm
Deutsche Übersetzung: Ursula Dotzler
Deckelbild und Illustration: Renate Vögel-Cossmann
Textredaktion: Karin Bonow
Bestellnummer 7653
© Deutsche Ausgabe: Franz Schneider Verlag 1976
München – Wien
ISBN 3 505 07653 8

Der nächste Band dieser Reihe
erscheint im Frühjahr 1977.

Weitere spannende Schneider-Bücher der Autorin:

Kiki gründet einen Ponyklub
Im Reitstall werden Gespenster gejagt

Kiki mit dem Ponyklub unterwegs
Aufregende Tage bei einer Reittour

Kiki plant ein Ponyfest
Pferde – als Retter in der Not

Kiki erlebt aufregende Ponyferien
Mit den Ponys auf dem Bauernhof

Scherzfragen

Können Analphabeten lesen?
Ja, Weintrauben

Welcher Abend beginnt am Morgen?
Der Sonnabend

Welcher Läufer kommt nicht von der Stelle?
Der Teppichläufer

Warum kann ein Pferd niemals Schneider werden?
Weil es das Futter frißt

Welches Tier war nicht mit in der Arche Noah?
Der Fisch

Welches Baby hat einen richtigen Schnurrbart?
Das Katzenbaby

Wann kann man mit dem rechten Auge das linke Auge sehen?
Wenn man in den Spiegel schaut

Wie kommt der Reiter durch das Labyrinth zur Burg?

Zwei Seiten zum Lachen

Pauls Vater hat einen kleinen Hund mitgebracht. Paul erzählt es Tante Anna. "Wollt ihr den großziehen?" fragt sie.
Paul: "Großziehen? – Nein, den lassen wir wachsen."

**Zwei Hunde kommen vom flachen Land zum erstenmal in die Großstadt. Erstaunt betrachten sie die für sie völlig neuen Parkuhren. "Was das wohl ist?" bellt der eine.
"Ganz klar", meint der andere, "die verlangen von uns Klo-Gebühren!"**

"Ihr Hund ist ja zum Fürchten. Wo haben Sie den her?"
"Er ist mir in Afrika zugelaufen. Ich habe ihm nur die Mähne abgeschnitten!"

Ein Mann betritt mit seinem Hund das Postamt. "Hunden ist der Aufenthalt hier verboten!" sagt der Postbeamte. "Ich brauche den Hund notwendig", meint der Mann. "Er muß die Briefmarken abschlecken. Mir bleibt bei den neuen Postgebühren die Spucke weg!"

**"Mein Hund hat mir das Leben gerettet", sagt Schulze stolz am Stammtisch.
"Was? Der kleine Dackel? Wie ist denn das passiert?"
"Im vorigen Winter war ich krank. Drei Ärzte haben es versucht, an mein Bett zu kommen, aber er hat keinen herangelassen!"**